改訂第2版

保育・幼児教育シリーズ

表現の指導法

田澤里喜 編著

玉川大学出版部

保育・幼児教育シリーズ
改訂第2版にあたって

幼稚園教育要領，保育所保育指針，
幼保連携型認定こども園教育・保育要領改訂（改定）のポイント

　玉川大学出版部の保育・幼児教育シリーズ改訂第2版は，2018（平成30）年施行の幼稚園教育要領，保育所保育指針，幼保連携型認定こども園教育・保育要領（以下，3文書）の改訂（改定）を受け，本シリーズをリニューアルするものです。そこで，シリーズのうち改訂第2版となる5巻の冒頭に，共通にこの3文書改訂（改定）のポイントを簡潔に記します。その趣旨は，改訂（改定）のポイントを示すことで，どこが変わったのかの全体像を概略的に理解するためのものです。そのため，その内容の詳細等は，それぞれの要領・指針の原文で確認してください。

　改訂第2版の事例等に関しては，初版の内容を生かしたものです。

1　3文書同時改訂（改定）——3施設に共通の幼児教育機能

　今回の大きなポイントは，3文書を同時に改訂（改定）したことにあります。そして，その基本的な内容の整合性をはかり，できるだけ同一のものにする方向性を模索したことにあります。それは，幼稚園，保育所，幼保連携型認定こども園は，文部科学省，厚生労働省，内閣府とそれぞれ管轄部署が異なり，法体系も異なります。そのため，幼稚園が学校（幼児教育施設）であるのに対して，保育所は児童福祉施設です。本来，同じ幼児期の子どもへの教育機能は共通であるべきとの考えから，3つの施設は同じ幼児教育機能を有するものとして改訂（改定）が行われました。

　幼稚園，保育所，幼保連携型認定こども園には，同じ幼児教育機能があるということであり，すべての施設において，幼児期の遊びを通した総合的な指導の教育（保育）がその後の小学校以降の教育につながっていくという構造になります。

2 幼稚園教育要領の改訂のポイント

(1) 学習指導要領改訂との関連性

　今回の改訂は，学校教育全体の改訂に位置付けられるものです。それは，2016（平成28）年の中央教育審議会答申「幼稚園，小学校，中学校，高等学校及び特別支援学校の学習指導要領等の改善及び必要な方策等について（答申）」を踏まえた改訂となります。

　そこには，資質能力の一層確実な育成と「社会に開かれた教育課程」の重視等の今回の改訂の基本的な考え方に加え，育成を目指す資質・能力の明確化，「主体的・対話的で深い学び」（いわゆるアクティブ・ラーニング）の実践に向けた授業改善の推進，各学校におけるカリキュラム・マネジメントの推進，伝統や文化，幼小接続など現代的な諸課題等に対応した教育内容の充実が掲げられています。

　この学習指導要領の改訂の中に，幼稚園教育要領改訂が位置付けられます。ここでは，以下，３つのポイントについて取り上げます。

(2) 幼児教育で育みたい資質能力の明確化

　今回の改訂では，幼児教育で育みたい資質能力として，「知識・技能の基礎」「思考力・判断力・表現力等の基礎」「学びに向かう力，人間性等」の３つを明示しています。それは，小学校以上の３つの資質能力と連続性を持ったものととらえられます。そして，これまで同様の５領域（健康，人間関係，環境，言葉，表現）を踏まえ，遊びを通しての総合的な指導により一体的に育むことが示されました（図0-1）。

小学校以上	知識・技能	思考力・判断力・表現力等	学びに向かう力・人間性等

※下に示す資質・能力は例示であり，遊びを通しての
　総合的な指導を通じて育成される。

幼児教育

〈環境を通して行う教育〉

知識・技能の基礎
（遊びや生活の中で，豊かな体験を通じて，
何を感じたり，何に気付いたり，何が分かったり，
何ができるようになるのか）

● 基本的な生活習慣や
　生活に必要な技能の獲得
● 身体感覚の育成
● 規則性，法則性，関連性等の発見
● 様々な気付き，発見の喜び
● 日常生活に必要な言葉の理解
● 多様な動きや芸術表現のための
　基礎的な技能の獲得　　等

思考力・判断力・表現力等の基礎
（遊びや生活の中で，気付いたこと，できるように
なったことなども使いながら，どう考えたり，
試したり，工夫したり，表現したりするか）

● 試行錯誤，工夫
● 予想，予測，比較，分類，確認
● 他の幼児の考えなどに触れ，
　新しい考えを生み出す喜びや楽しさ
● 言葉による表現，伝え合い
● 振り返り，次への見通し
● 自分なりの表現
● 表現する喜び　　等

遊びを通しての総合的な指導

● 思いやり　● 安定した情緒　● 自信
● 相手の気持ちの受容　● 好奇心，探究心
● 葛藤，自分への向き合い，折り合い
● 話合い，目的の共有，協力
● 色・形・音等の美しさやおもしろさに対する感覚
● 自然現象や社会現象への関心　　等

学びに向かう力・人間性等
（心情，意欲，態度が育つ中で，いかによりよい生活を営むか）

• 3つの円の中で例示される資
　質・能力は，5つの領域の「ね
　らい及び内容」及び「幼児期の
　終わりまでに育ってほしい姿」
　から，おもなものを取り出し，
　便宜的に分けたものである。

◎文部科学省「幼児教育部会における審議の取りまとめ（平成 28 年 8 月 26 日）」より引用

図 0 - 1　幼児教育において育みたい資質・能力

（3）幼児期の終わりまでに育ってほしい姿と幼小接続の推進

さらに，今回の改訂では幼児期の終わりまでに育ってほしい姿を示しています。これは，「健康な心と体」「自立心」「協同性」「道徳性・規範意識の芽生え」「社会生活との関わり」「思考力の芽生え」「自然との関わり・生命尊重」「数量や図形，標識や文字などへの関心・感覚」「言葉による伝え合い」「豊かな感性と表現」であり，「10の姿」とも言われますが，5領域の中からくくりだされたものです（表0-1）。

表0-1　幼児期の終わりまでに育ってほしい姿と5領域の関連

5領域	10の姿
①健康	健康な心と体
②人間関係	自立心
	協同性
	道徳性・規範意識の芽生え
	社会生活との関わり
③環境	思考力の芽生え
	自然との関わり・生命尊重
	数量や図形，標識や文字などへの関心・感覚
④言葉	言葉による伝え合い
⑤表現	豊かな感性と表現

そして，この幼児期の学びの具体的な姿である10の姿を通して，小学校と共有されるよう工夫，改善を行うことが求められています。小学校学習指導要領にも，「幼児期の終わりまでに育ってほしい姿を踏まえた指導を工夫する」のほか，「小学校入学当初においては，幼児期において自発的な活動としての遊びを通して育まれてきたことが，各教科等における学習に円滑に接続されるよう，生活科を中心に，合科的・関連的な指導や弾力的な時間割の設定など，指導の工夫や指導計画の作成を行うこと」とあります。

つまり，今回の改訂では，遊びによる総合的指導を通しての小学校との学びの連続性が強調されているのです。そのため，これまでに述べた

３つの資質能力，５領域，10の姿を踏まえ，より質の高い幼児教育を行うためのカリキュラム・マネジメントが求められています。

（４）現代的な諸課題を踏まえた教育内容の見直し

幼児教育の重要性として掲げられる自己制御や自尊心などの非認知能力の重要性など，現代的な諸課題を踏まえた教育内容の見直しに加え，預かり保育や子育て支援の充実など保護者や地域に幼稚園のはたらきを開いていくことなどが示されました。

3 保育所保育指針の改定のポイント

（１）乳児・１歳以上３歳未満児の保育に関する記載の充実

乳児から２歳児くらいの時期は心身の発達の基盤が形成される重要な時期であると同時に，生活や遊びを通して主体的に周囲の人や物に興味を持ちかかわっていく姿は，「学びの芽生え」であると考えられることを踏まえ，３歳未満児の保育の意義を明確化し，その内容について一層の充実を図ることが今回の改定の大きなポイントです。

その背景には，保育所入所希望者が増大し，３歳未満児の保育の定員が大きく増えたことがあります。また，３歳未満児の発達上の特徴などを踏まえ，３歳以上児と区別して記述する必要性があったこともその理由です。そして，乳幼児期に自尊心や自己制御などの非認知能力の育成が人間の一生の成長において重要であることも背景にあります。

（２）幼児教育の積極的な位置づけ

今回の改定は，保育所保育も幼稚園教育と同じ幼児教育機能があることが示されました。それは，従来の知識偏重の教育ではなく，資質能力を育てる学校教育全体の改革の一端を保育所も担うことになったことを意味するのです。

保育指針においては，従来通り，子どもが現在を最も良く生き，望ま

しい未来をつくり出す力の基礎を培うために，環境を通して養護及び教育を一体的に行うという記述がなされています。この記述をより一層充実させることが重要です。指針には「主体的・対話的で深い学び」や「カリキュラム・マネジメント」という用語は使用されていませんが，その意図は関連個所に含まれています。

（3）健康及び安全についての記載の見直し

　家庭や地域における子どもの育ちをめぐる環境の変化を踏まえ，一人ひとりの健康状態や発達の状態に応じて，子どもの健康支援や食育の推進が求められています。また，アレルギー疾患への対応や事故防止等に関して，保育所内での体制構築が求められているのです。さらに，東日本大震災以降の自然災害等の状況を勘案し，子どもの生命を守るための危機管理体制等も求められます。これらを踏まえ，健康及び安全に関する記載内容の見直しと，さらなる充実を図る方向性で記述されています。

（4）保護者・家庭及び地域と連携した子育て支援

　2008 年改定で「保護者に対する支援」として位置付けられた章を「子育て支援」として改めた上で，記載内容の整理と充実が図られています。それは，子育て家庭への支援の必要性が高まる中で，多様化する保育ニーズに応じた保育，特別なニーズを有する家庭への支援，児童虐待の発生予防及び発生時の迅速かつ適切な対応などが求められることが背景にあります。

　また，地域で子育て支援に携わる他の機関や団体など様々な社会資源との連携や協働を強めることで，子育て支援の充実が求められています。

（5）職員の資質・専門性の向上

　保育所において特に中核的な役割を担う保育士をはじめ，職員の研修機会の確保と充実を図ることが重要な課題としてあげられています。そして，施設長の役割及び研修の実施体制を中心に，保育所において体系

的・組織的に職員の資質向上を図っていくための方向性や方法等を明確化しました。

4 幼保連携型認定こども園教育・保育要領の改訂のポイント

幼保連携型認定こども園教育・保育要領の改訂においては，幼稚園教育要領および保育所保育指針との整合性に加え，特に配慮すべき事項として，以下の事項の充実を図っています。

・満3歳以上の新園児や他の保育施設から移行してくる子どもへの配慮。
・異年齢の子どもがかかわる機会を生かした多様な経験や園児同士の学び合いができるような工夫。
・在園時間が異なる子どもがいることへの配慮。
・長期休業中の子どもたちへの体験の差への配慮。
・多様な生活形態の保護者が在園していることへの配慮や，地域における子育て支援の役割等，子育ての支援に関する内容の充実。

2018年10月

保育・幼児教育シリーズ執筆者代表
大豆生田啓友・若月芳浩

参考文献

◎汐見稔幸・無藤隆監修，ミネルヴァ書房編集部編『〈平成30年施行〉保育所保育指針 幼稚園教育要領 幼保連携型認定こども園教育・保育要領 解説とポイント』ミネルヴァ書房，2018年
◎厚生労働省「保育所保育指針」2018（平成30）年
◎内閣府「幼保連携型認定こども園教育・保育要領」2018（平成30）年
◎文部科学省「幼稚園教育要領」2018（平成30）年

はじめに

　皆さんは乳幼児期の「表現」と聞いて，何をイメージするだろうか。何かの絵を描いたり，物をつくったり，歌を歌うといったことを思い浮かべる人が多いのではないだろうか。また，劇の発表会，運動会のリズム体操，造形展などの幼稚園，保育所での行事を思い浮かべた人もいるだろう。これらは皆さんが幼稚園，保育所に在籍していた頃の思い出と結びついてイメージされたものかもしれない。

　しかし，これらだけが子どもたちの表現と言えるだろうか。形になるものだけが，子どもの表現なのだろうか。思い出としては残っていないが，思い出せないもの，思い出せなくとも今の皆さんを支えている蓄積された乳幼児期の経験があるのではないだろうか。

　幼稚園教育要領の5領域の一つである「表現」は「感性と表現に関する領域」であり，そして，「感じたことや考えたことを自分なりに表現することを通して，豊かな感性や表現する力を養い，創造性を豊かにする」（幼稚園教育要領）領域である。

　それでは，子どもが自分なりに表現をしている場面とはどのようなときだろうか。

　たとえば，砂場で友達とままごとをしていて，ある子どもがアイデアを出して，それをみんなで実現しようとしている。また，家庭でスーパーに行き，レジの機械に興味をもった子どもが，幼稚園で段ボールでつくろうとして，いろいろと工夫する。ボタンは何でつくろうか，バーコードリーダーはどんな形がいいだろう……，そんなことを考えつつ，廃材でつくっている。

　遊びの場面において，子どもが自分なりに表現していることは多い。遊びは人から言われて行う行為ではなく，自ら意欲をもって取り組むものであるからだ。だからこそ，豊かな感性や表現する力が養われ，創造性は豊かになるのである。

　だからといって，先に書いた行事のすべてが無意味なものとは言えない。行事は保育者の心構えや運営次第で，子どもが自分なりに表現できるものになるのである。

たとえば劇の発表会で，台詞，舞台，立ち位置などのすべてを保育者が決め，そのとおりに子どもが演じるというのであれば，それは"自分なり"とは言えないだろう。おそらく子どもは夢中になって教えられたことを守り，演じることを楽しく感じるかもしれない。しかし，それ以上の高次の楽しさやおもしろさを感じ，さらに豊かな感性や表現する力を養うためには，やはり自分なりに表現することが大切なのである。子どもたちの遊びの中から発表する題材を探したり，子どもと共に言いやすい台詞を考えたりすることは，子ども自身が自分なりに工夫をすることになる。

　また，劇に登場してくる動物を実際に見学に行く等をすることにより，子どもの興味関心は高まり，表現はより豊かなものになるだろう。

　これらのことを実現するためには，保育者の工夫は欠かすことができない。そうなると，保育者に豊かな感性や表現する力がまず育っていなければならないのである。そのためには，多様な経験をすることも大切である。そして，その一つとして，本書を読み，学びを深めてほしい。

　本書では，音楽，造形，身体表現とそれぞれの分野で一部の章を構成しているが，歌うこと，つくること，体で表現することの技術的向上を主目的に書かれたものではない。大切なことは，これらを総合的にとらえることである。子どもは歌を歌いながら自然と体が動いたり，歌を絵に表したり等，大人が決めた分野を意識することは少ない。それだけに，保育者は子どもの側に立ち，それぞれの分野を結びつけ，また工夫できるように考えて読み込み，さらに章末の課題に取り組んでほしい。

　幼児期の表現は形にすることだけが大切なことではなく，「自分なりの表現」をいかに保障できるかにある。これから保育者になる人たちは，そのための保育者の役割とは何かを忘れずに，また常に考えつつ，学びを深めてほしい。そして，保育者になってからも実践しつつ，考え，検討し続け，保育者としての成長をし続ける人となってほしいと願う。

編著者　田澤里喜

保育・幼児教育シリーズ改訂第2版にあたって……………………………………………… iii
はじめに ……………………………………………………………………………………… xi

第1章 領域「表現」とは

第1節　幼児期における表現とは……………………………………………………… 1
第2節　表現の発達……………………………………………………………………… 6
第3節　生活感，必要感に根ざした表現とは………………………………………… 9
第4節　表現の構造……………………………………………………………………… 10
第5節　領域「表現」について………………………………………………………… 15

第2章 生活の中における子どもの表現

第1節　子どもたちの生活とは………………………………………………………… 29
第2節　日常における表現遊び1　―砂場―………………………………………… 34
第3節　日常における表現遊び2　―ごっこ遊び―………………………………… 37
第4節　日常における表現遊び3　―行事との関連―……………………………… 39
第5節　日常における表現遊び4　―劇遊び―……………………………………… 43

第3章 乳幼児期の音楽表現について

第1節　音楽表現のねらいと立場……………………………………………………… 53
第2節　教育環境から見た音楽表現…………………………………………………… 54
第3節　教育課程における音楽表現…………………………………………………… 55
第4節　5領域と音楽表現の関わり…………………………………………………… 57
第5節　音楽表現の実際1　―わらべうた―………………………………………… 61
第6節　音楽表現の実際2　―乳児の表現―………………………………………… 67

第4章 造形表現

第1節　幼児期における造形表現とは……………………………………………75

第2節　造形表現の基礎知識………………………………………………………80

第3節　造形表現をはぐくむために………………………………………………89

第4節　子どもの造形作品を理解するために……………………………………99

第5章 乳幼児の身体表現

第1節　乳幼児期の身体表現とは……………………………………………………103

第2節　保育所，幼稚園の身体表現の実際1……………………………………106

第3節　保育所，幼稚園の身体表現の実際2……………………………………110

第4節　保育所，幼稚園の身体表現の実際3……………………………………116

第5節　保育所，幼稚園の身体表現の実際4……………………………………123

第6章 子どもの感性をはぐくむ保育者の役割

第1節　豊かな感性や表現する力を養うために…………………………………131

第2節　遊びの中にある思いやドラマを受容する保育者とは…………………132

第3節　遊びと劇活動………………………………………………………………134

第4節　生活感と必要感にかなった表現活動……………………………………136

第5節　子どもの表現文化…………………………………………………………139

第6節　保育者に求められるスキルと多様性……………………………………142

第7節　保育者と表現………………………………………………………………145

第8節　表現遊びの実際……………………………………………………………148

第7章 領域「表現」における今日的課題

第1節　家庭・地域との相互理解…………………………………………………157

第2節　保育者養成と表現…………………………………………………………163

第1章

領域「表現」とは

幼稚園教育要領が1989(平成元)年に改訂された際,それまでの6領域から5領域への転換が図られ,領域「表現」が誕生した。それ以後,2回の改訂が行われてきたが,5領域は内容の一部改訂があったものの,その考えは継承されている。
本章では,人が生きていくための基本的事項でもある「表現する」ということがどのようなことかを説明し,また,幼稚園教育要領,保育所保育指針にある領域「表現」について解説をする。

 第1節 幼児期における表現とは

1 領域「表現」の命題

1989年の幼稚園教育要領改訂が告示される前年,岡田は『子どもの表現と劇遊び』(フレーベル館)の中で次のように述べている。

> 近く新幼稚園教育要領の公示があり,日本の幼児教育に新しい動きがはじまろうとしています。先の答申で,主な改善事項とされていた次の三点は,特に示唆に富むものでした。1,幼児の主体的自発的な生活を中心に展開されるものであること。2,遊びを通しての総合的な指導が重要であること。3,幼児一人一人の発達の特性及び個人差に応じた教育を行うこと。この中でも特に「遊びを通しての総合的な指導」というのは,従来の幼児教育の反省として大きな意味を持っています。[1]

これはまさに,歳月を経るにつれて,小・中学校の教科のような性格をもち始め,子どもの生活や遊びに見られる総合的な視点がぼやけ,それぞれが独立分化した傾向をもち始めてきた,健康,社会,自然,言語,音楽リズム,絵画製作の6領域に対する問題提起にほかならない。
1989年告示,1990(平成2)年実施の新教育要領では,先の6領域が,「健康」「人間関係」「環境」「言葉」「表現」の5領域に変更されるとともに,

第1章 領域「表現」とは

　それらの内容が子どもの主体的な生活や遊びの中で，総合的に営まれることに視点がおかれた。なかでも，音楽リズムと絵画製作といった既成の芸術ジャンルからの発想をやめて，「表現」という総合的な領域にまとめられたことは画期的なことであった。

　またそれは，「明治，大正以来，日本の芸術教育はとかく技術主義であり，音楽，美術といった芸術ジャンルの概念が強く影響し，肝心の子どもの生活や発達という視点は二の次にされ，歌うことや描くことが，自発的な楽しい遊びよりは，上手に歌え，上手に描ける結果の方が重視されることになっていました」[2]とする岡田の指摘にもあるように，我が国の表現教育のあり方が，直接おもてに表すための部分の強化に傾倒し，内面の形成に対する問題意識が希薄であったこと，子どもの表現を芸術文化の枠の中だけでとらえようとした当時の芸術教育に対する認識からの変革をも意味するものであった。

　坪内逍遥が1922（大正11）年に発行した『家庭用児童劇』の記述には，それらの有様が克明に記載されている。

> 　現在のわが国の童話，童話術，童話劇なぞといふものは概して成人の主観の表現であるように思ふ。其書きかたからいつても，其話し方からいつても，其演じかたからいつても，余りに多くの成人の心持や観察や解釈や理屈や趣味や意匠や技法が加はり過ぎているやうに思ふ。私はもつとずつと無邪気に，純に，無技巧になつて貰ひたいと思ふ。[3]

　ここには，大人本位につくられる当時の演劇作品に対する坪内の不満ならぬ〈不安心感〉があったことは確かである。

　本来，子どもたちのためになくてはならない童話や童話術や童話劇といったものが，一部の大人の芸術欲の発露として扱われ，著しく教訓本位になっていたり，異国情緒に偏った，子どもの思いとは縁の遠いものであったり，脚色が複雑すぎて分かりにくかったり，残忍で殺伐であったり，説明や講釈が多すぎたりすることは，文学者であり，教育家として倫理教育にも業績のあった坪内にとっては放っておけない事態であったに違いない。

　坪内は，子どものための劇活動についても次のように説いている。

劇といふと，先ずとかく在来の歌舞伎劇（舊劇）や新派劇や所謂新劇団のそれや，又今いつた普通の童話劇を連想するのが習わしだから，厳格な家庭では劇趣味を家庭へ導き入れることの利害を真先に懸念されるであろう。普通のたしなみ以上に紅白粉を使用することから生ずる弊害，普通の挨拶や行動以外の虚偽の言動が齎す悪影響なぞを懸念されるでもあろう。（中略）私のは，いわば，ママゴトや何々ゴッコのもつと規則立てられ，藝術化され且つ規模を大きくされたものにすぎない。子供らの心から自發する純な，自然な遊戯同然のものだから，周圍から生中な干渉や間違つた指図をして，在来の劇的作意や演出法を注入するやうなことをせない以上，ちやうど彼の子供の自由畫と同じやうな旨味や力を発揮すると同時に，子供ら自身の心性啓発に裨益する所の多かるべきものである。[4]（ルビは編集部による）

　坪内は，指導者の劇指導における役割認識，あるいは子どもの特性や個人差に応じた個の基盤に立った演出のあり方を探求した。台詞の言い回し，しぐさにおける指導等について，坪内はとりわけ辛口であったという。歌舞伎風になることや新派風になることを真っ向から否定するとともに，傍から強制して教えることや，外面だけ整わせようとすることも嫌った。それでは，人間的な豊かな内面の形成が達成されないからである。

　したがって坪内は，観せることに主眼をおくのではなく，自ら楽しむことに全力を傾けさせることを劇指導の命題とした。それは，表現技術が過大視され，問題視され，そのための習練こそが表現教育の大部分を占めていた当時にあって，人間的な豊かな内面の形成の重要性を唱えた革新的なメッセージであった。

2 オモテにアラワスこと

　表現とは，読んで字のごとく，「オモテにアラワス」ことである。オモテにアラワスには，初めに己の内面に，表したい，伝えたい，といった前向きな欲求がなければならない。

　偶然であれ，必然であれ，鮮烈な風景や心躍る景観を目の当たりにした次の瞬間，そこに居合わせた者は，己の感覚から呼び起こされた生々しい感情を発露する。ある者は，喜びにむせび泣くであろうし，満ち足

第1章 領域「表現」とは

りた幸福感に歓喜の言葉を口にするかもしれない。一方，湧き出す嫉妬心から，皮肉交じりの文言を吐き捨てる者もいることだろう。いずれにせよ，人は表現することで，己の欲求を満たし，反芻（はんすう）し，矯正し，自分らしさを誇示しようとする。

ただし，各人の表現は，第三者からの評価を真っ向から受けることになることも知らねばならない。なぜなら，各人の表現は大なり小なり他者の感性に影響を及ぼすことになるからである。

さて，ここで改めて感性といった文言に着目したい。辞書にはおそらく次のようなことが書かれていることであろう。「感受性。対象からの印象を受け取る能力」「外界からの刺激を直感的に印象として感じ取る能力」。しかし，これだけで感性を理解した気になってはならない。感性を構成する感覚と感情に対する洞察が必要だからである。

3 感覚と感情

感覚とは外のものを自分の中に取り入れる受動的な部分であり，感情とは受け入れたものを外にアラワス能動的な部分と解釈される。すなわち，感覚とは視覚，聴覚，嗅覚（きゅうかく），味覚，触覚の五感等を指すものであり，各人が生活の様々な場面で周囲の事象を受け入れる大切な機能である。

一方，感情とは，まさに受け入れた事象に対する各人の反応のさまである。したがって，そのさまは各人によって質を異にする。外部から受け入れた事象に対して，いかなる応答姿勢をとるかは各人のパーソナリティーにも大きく関係しており，そうした感覚と感情のバランスを各人が自力で調整できるようにすることこそが，広く表現活動の目指すところであり，幼稚園教育要領や保育所保育指針に記されている領域「表現」の本質的なテーマである。

また，各個人の内面の動きは一律なものとは言えない。たとえば，かわいい，きれい，格好いい，怖い，おもしろい等といった受け止めについても，各人によって認識は違う。たまたま似通った言葉を口にしたところで，それは思いのベクトルが同方向に向いているに過ぎない。

したがって，感情に訴え，外に表そうとするとき，各人は多かれ少なかれ葛藤を余儀なくされる。なぜなら，感じ方だけではなく，オモテにアラワス術（すべ）が，言葉，文字，歌，動き等といった具合に多岐にわたって存在するからである。

4 幼児と表現

　自己中心的な時代を生き抜いている幼児の表現の手立てや方法に，大人が振り回されることは決して珍しいことではない。設定された秩序なりルールの中で，円滑に物事を推し進めていこうとする大人の認識や思惑は，奔放な幼児の思いつきやひらめきの前では水と油の関係ともなりかねない。鮮烈な風景や心躍る景観に出合ったとき，彼らは待ったなしに自分のイメージを自分なりの方法でもって伝えようとする。それだからこそ，幼児期には衝突や諍いが頻繁に見受けられる。

　我と我をぶつけ合い，弾け合い，瞬く間に鬼気迫る景観の中に身をおくことなど，決して珍しいことではない。大人の場合，言葉や文字を駆使して伝えられることでトラブルを回避することもできようが，言語表現が稚拙な子どもともなるとそうはいかず，身振りや表情に託す以外に手立てはないのである。だからこそ，言葉や文言のコミュニケーションを拠り所としている大人からしてみれば，子どもたちの表現は，乱雑な態度に見えたり，心もとない振る舞いに見えたりする。

　しかしながら，乱雑ともとれる彼らの表現の中に息づく心情・意欲・態度を見逃してはならない。あれやこれや言葉を駆使してお茶を濁す大人と違って，子どもたちの表現はあまりに直接的で鋭利だ。だからこそ，人の目を釘付けにするほどの迫力がある。地団駄踏んだり，大げさに泣き喚いたり，しおれてみたり，部屋から出てこなくなったり，抱っこをせがんだりと。言葉に託せない時期なだけに，子どもたちの表現は全力である。したがって，周囲にいる大人たちは，そうした子どもたちの表現をまるごと受け止められるだけの手腕をもたねばならない。

5 表現の方法

　描いたり，弾いたり，たたいたり，跳んだり，歌ったりと，未分化な子どもたちにとって感情表現の方法は多様である。それこそ言語表現に依存した生活を送っている大人からしてみれば，子どもたちのそうした振る舞いには，いささかの戸惑いさえ感じることも少なくあるまい。

　言葉での問いに言葉で返す，といったコミュニケーションのやりとりに慣れすぎている大人からしてみれば，野球のボールを投げたつもりが，サッカーボールを投げ返されるようなもので，意表ともとれる彼らのやり口に戸惑うことも少なくない。

第1章 領域「表現」とは

　しかしながら，それを未分化であるがゆえの〈あらわれ〉だとか，幼児期によくあるわがままな態度等と決めつけてかかることは避けなければならない。なぜなら，誰しもが通過した貴重な人生の道筋だからである。どうやら大人というのは我が身の幼き日の記憶を意識の彼方に追いやるようだ。あれほどまでに，やんちゃで，無鉄砲で，それでいて臆病だった我が身に対する愛着はどこにいってしまったのだろうか。ときに大人は己の人生の裾野に思いをめぐらせ，頂を間近にした今を反芻することも大切である。

　そう考えると，幼少期の〈遊び〉の経験は，その後の我が身を成り立たせる上で大切な自己実現の機会であったといえる。幼児期の子どもたちの表現は遊びそのものである。大人の観念にある遊びと違うのは，突発的飛躍と連続的総合を行きつ戻りつするということである。まさに自己中心的な時代を生き抜く子どもだからこそ成し遂げられるとも言える。

　そうした時代は我々にも確かにあった。その時間が我々の心身の成長・発達にいかなる栄養を与えてくれたかは，今さらながらもっと検証すべき事柄に違いない。

　自己中心的な思惑が衝突すると，そこには大きな葛藤の機会が生じる。否応なしに陣取り合戦が始まるのである。勝ち組に名乗りを上げるか否かで形勢はまったく変わる。そのため，当時の子どもたちは，徒党を組んだものである。これらの遊びに向けた意識は，今を生きる我々の生活の知恵となり戦略となって，脈々と息づいているのである。

第2節　表現の発達

1 乳児期

　この時期，子どもたちは無意識的な自己表現を繰り返す。空腹に泣き，満腹に眠り，不快になればまた泣く。このように感情が直接的に表れるような状態を「表出」と言い，大人に依存しなければ生きていくことのできない乳児の生活手段であるとも言える。しかしながら，こうした無意識的な心の表れはしだいに周囲の人に読み取られるようになるとともに，しだいにではあるが，意図的に自分の思いや要求を相手に伝えようとする表現手段を身に付けていくのである。

2 3～4歳頃

　この時期は,言葉を使ってコミュニケーションを図ろうとしてくるが,もち出される言葉は,母親の注意をひくための伝達の言葉がほとんどで,どちらかといえば一方通行的である。独りよがりに,思ったこと,感じたことは全部,言葉にしてしまう。言葉と行為が同じレベルにあり,自分と他人の区別も分かっていないためか,他人も自分と同じことを思考し,感じているものと思い込むところがある。

　この時期は,「ふり遊び」から「ごっこ遊び」への転換期でもある。たくさんの仲間と役割を分担したり,順番を決めたりしながら遊べるようにもなってくる。模倣表現等に親しみ,うさぎや犬や花,ヒーローにもなりきって遊ぶことをこよなく好み,想像世界と現実世界を行ったり来たりしながら己の願望を遂げようとする。

3 5歳頃

　この頃は,言葉でコミュニケーションをとることが主流となってくるが,その一方で,「内言」ということが始まる。

　自他の区別ができるようになり,自分は自分,他人は他人といった認識の中,自己主張も強くなってくる。それゆえ,相手の立場に立ったり,分別をわきまえた行動をとることが可能になってくる。自己中心性からの脱却時期ともとれる。

　内言ができるようになるということは,内面に自分の世界をもつということにほかならない。したがって,この頃になると,保育者が組織する「劇遊び」等の取り組みにも関心を寄せるようになってくる。それは,ごっこ遊びではやり遂げられなかったことを保育者との協同作業の中で達成しようとする意識の高まりであり,それまでとは明らかに違う表現活動の始まりを指す。

4 小学生の頃

　小学校の中学年ともなると,劇遊び的な表現活動はさらに高度化してくる。題材はおもに教科に関するものであるが,ときとしてクラスに勃発した事件や友達とのいざこざ,学校全体に関する諸問題や地域のエピソード,もしくは国内,国外,世界全域に及ぶ諸問題までをテーマとし

第1章　領域「表現」とは

てとりあげることもある。

　幼児期に比べて，取り組む題材は現実味を帯びる場合が多い。たとえば，先進国の観光客と後進国の現地人になって，ショッピングを通して，異文化問題やコミュニケーション問題に直面したり，ダム建設の問題を下敷きに，ネイティブと移民，行政の担当官，一般住人になった子どもたちが，生活の豊かさを考える機会を提供されたり，プログラムは虚構といったステップを踏まえながらも，現実への洞察を視野に入れているのである。

　イギリスの演劇教育家であるブライアン・ウェイは，『ドラマによる表現教育』の中で「さまざまな単純な疑問のうち，情報に関するものには知的教育が，直接経験に関するものにはドラマが解答する」[5]と述べている。

　情報を得ることは，たしかに知的満足を満たすのみならず，日々の生活をより機能的にする。しかしながら，情報だけでは真実に迫ることは不可能である。テレビ画面に映る雪景色を見ただけで，現地のかたがたの切実な思いを理解できるのであろうか。戦争の痛ましさ，残虐さを数分の映像から読み取ることはむずかしい。まして，人間関係が希薄だといわれる今，どうやったら人ときずなを深めることができるのであろうか。

　ドラマ（劇遊び）は，learning by doingの具現化である。直接経験に訴え，知的理解を越えて，心と魂に触れることである。相手の立場を思いやる力こそ，想像力なのである。相手を思いやるレベルになるためには，相手の境遇をうわさや情報からではなく，現実のものとして受け止めようとする努力が必要となってくる。まさに，小学校課程におけるドラマの取り組みは，生きるための練習とも言えよう。

5　豊かな内面の形成

　人類は，人間的な「豊かな内面の形成」にただならぬこだわりと執着心をもってきた。いかなるものに満たされようと，いかなるものに癒されようとも，平穏な心の拠り所は得られない。たとえ豊富な財力と権威をもってしても，一寸先には闇が待ち構えているのである。

　ことあるごとに人類は，人の心の裏側を読もうとしてきた。相手が自分にとって影響を及ぼす者であるならばなおさらだ。どうにかして相手の心の深層を暴き出し，一刻も早く内なる不安を解消しようとする。当然，負の答えなど誰も期待しない。ひたすら最善最良なる答えを心待ち

にするわけである。そこには，己の内面の歪みを他者の心の平穏によって解決しようとする依存性が介在していることを知らねばならない。実のところ，その依存性は人の成長に大きく関与する。依存性が保たれるということは，確固たる依存できる対象が存在することを意味する。やがて依存期を脱し自立能力を得た者は，新たに依存される対象となって次の世代を支えるのである。こうした営みが人間力をはぐくむためのコアになることは言うまでもない。

さて，依存の度合いだが，年齢が小さければ小さいほど顕著に見られることは言うまでもない。この世に誕生し，右も左も分からぬ赤子にとって親への依存は，絶対的な生存条件となる。赤子はそこで依存と引き換えに，親から全人的な成長に欠かすことのできない愛情を得るからである。

ところで，依存から自立のあり方は，乳幼児期から幼児期，幼児期から学童期，思春期から成人期といった育ちのプロセスの中で変容していく。大人になるから依存性がなくなり，自立して物事を推進できるようになる等といった簡単なことではない。長い時間をかけて熟成していくものととらえたほうがよいだろう。いわば，相手の心情を思いやったり，場の空気を読んだ言動ができたり，状況に応じてリーダーシップとパートナーシップを使い分けたり，自と他の関係をしなやかに紡ぐ術を体得していく経緯こそが，依存から自立のあり方であると言える。その際，重要になってくるのが〈表現の力〉である。表現力は依存から自立への円滑な移行を後押ししてくれる重要な役目を担う。

第3節 生活感，必要感に根ざした表現とは

幼児期というのは，実に好き嫌いのはっきりした時代でもある。こうなりたい！ ああしたい！ といった思いや願いが，様々な遊びとなって展開されるのもこの頃である。

また，その「アラワレ」は決して規格化されたものではなくて，自由奔放，個性的，独断的，自己中心的といった表現があてはまる。彼らにとってみれば，ああなりたい！ こうなりたい！ といった熱い思いはあっても，こうでなければならない！ といった締めつけは存在しない。だからこそ，あらゆるヒーローやヒロインになりきって，勝手気ままに空想の世界を戯れることができるのかもしれないのである。

第1章 領域「表現」とは

　歴史的にたどってみると，日本の表現教育は技術主義的な色彩が強く，音楽，美術，演劇といった芸術ジャンルの概念が大きく影響していたせいか，幼稚園や保育所の発表会においても，子どもの興味や関心，思考や発想といった大切なものが，後方に追いやられてきたともとれる。歌うこと，描くこと，演じること等の，本来子どもにとって遊びであるはずの表現活動が，多くの場合，上手に歌える，上手に描ける，上手に演じられる，といった技術偏重の中で考えられがちだったことは事実である。

　表現技術を習得することは大切なことに違いないが，それはあくまでも内面活動を外化するための方法であって目的ではない。したがって，幼児期においては技術的な抵抗は少なくあるべきである。

　この時期は，乳児期の直観的な表出から，意図をもった表現へと変化する時期でもある。受け身的な感性がしだいに能動的な力を得ていく大切な過程でもある。とすれば，幼児期の表現活動は芸術ジャンルからの発想ではなくて，日常生活のあらゆる時と場に，その活動を見いだしていくべきではないか。まさに，それは独自な喜びの活動であり，知識教育のごとく唯一絶対価値を目指すものではない。

　あくまでも，「おもしろいからやる」「楽しいからやる」といった自己目的的な行為であるはずである。ゆえに，たとえ稚拙で素朴ではあっても，幼児の誠実で精一杯な表現を保障し，自己表現の喜びの体験を，あらゆる方法と手段でもって見いだしていけるような表現活動の機会のあり方を考えていくことは大事なことである。

第4節　表現の構造

1 感性と理性

　幼少期の表現をとらえていくにあたり，まず表現という行為について整理をしてみたい。周知のように，表現とは目に見えない人間の内なる世界を，何らかの方法によって自らの外側へと表していく行為である。

図1-1 「表現」＝「オモテ に アラワス」

 しかし，この内なる世界とは，その人間にとって孤立した内なる事柄ではなく，外なる世界との関わりによって形づくられるものである。このことをもう少し掘り下げていくと，人間の内面にある感性と理性という二つの領域の関係においてとらえていく必要がある。

 感性とは「感じる」という側面の領域であり，一般的にはその受動的な部分を感覚，そして能動的な部分を感情と呼んでいる。人間の内面では，日常行われる様々な体験から外的な情報や刺激を受容し，その反応として，喜び・悲しみ・怒り・快や不快などの感情が湧き起こるのである。これに対して，物事を論理的に考え判断して，行動に移していく領域のことを理性と呼んでいる。ある事柄について思考や想像をめぐらせ，何らかの方法や技術を用いることによって，心の中を見えるものとして自らの外側へ表していく。

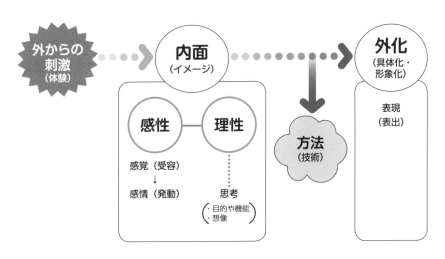

図1-2 表現の構造

第1章 領域「表現」とは

2 表現のプロセス

　表現とは外的な情報や刺激を，人間の内面にある感性という領域の働きによって受け止め，それを理性という領域の働きによって整理し，心に定着させ，状況に応じた方法や技術（話す・書く・つくる・描く・動く・歌う等）によって自らの外側へと具体化もしくは形象化させていく行為である。

　このようにとらえると，表現とは人間による意識的・意図的な行為であるということが見えてくる。しかし，言動として現れる事柄が，すべて意識的なものであるかというと，必ずしもそうとは限らない。たとえば，我々が日常において瞬時の判断を迫られたときに，つい反射的な行動をとることがあるし，乳児が大きな物音に驚いて泣き声を張り上げる場合なども，無意識のうちに行われる。このように，人間の内側から外側に対して表される行為を，誰かに思いを伝えようとする意図がある場合には表現として，それがない場合には表出として区別している。

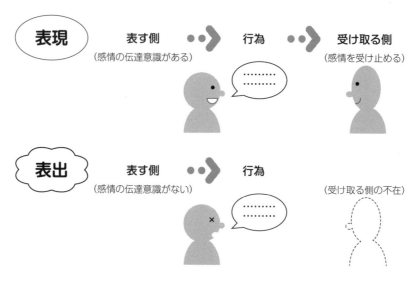

図1-3　感情の表現と表出

3 表現と表出

　日常の出来事を振り返ってみると，表した事柄が受け取る側に確実に伝わるとは限らないし，また表す側に伝えようとする意識がなくとも，表された事柄に対して，受け取る側が何かを読み取ろうとする場合もある。つまり，伝達という視点からとらえると，表現と表出は表す側と受

け取る側の関係性によって区別される行為であるともいえる。

　たとえば，生後間もない赤ちゃんは，何か不快に感じることがあった場合に，大きな泣き声を上げて身をよじるようなしぐさをするだろう。それは，内なる感情の表れではあっても，その思いを自分以外の誰かに伝えようとしたものではなく，本人にとっては無意識に行われる行為である。しかし，母親はその様子から赤ちゃんに起こっている状況を把握し，原因を明らかにして事態を改善させようと懸命になる。赤ちゃんには伝達しようとする意識がなくても，その行為は母親の読み取ろうとする気持ちを引き出し，結果として何らかの対応がなされるようになる。

　このような体験を積み重ねることにより，赤ちゃんは自分を受け止めてくれる人間の存在に気付き，行為によって思いを伝えることができるということを学んでいく。表す側にとって，初めは伝えようとする意識がなくても，受け取ろうとする人間がいればその存在に気付き，やがてはよりよく伝えることを意識するようになる。このようにとらえると，表す側と受け取る側の間で行われる心のキャッチボールが表現という行為であるとも考えられる。

　人間の行為は，表された時点では無意識的な表出であっても，受け取る側にそれを受容し読み取ろうとする意識があれば，表現となり得る場合がある。また，表す側も伝わるという経験を積み重ねていくことによって，伝達の方法や技術を意識するようになり，表現に対する意欲とその質的向上につながっていく。つまり，受け取る側の対応が表す側の表出を支え促して，他者の存在や気持ちに気付き，それらを受け止める能力をはぐくむことにもなる。

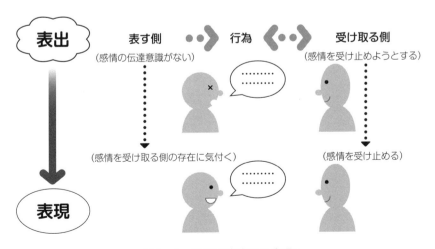

図1-4　感情の表出から表現へ

第1章 領域「表現」とは

4 表現とコミュニケーション

　コミュニケーションという言葉は，一般的に「伝達」と訳されているが，本来は共有化するという意味を含んでいる。表現の本質を考えた場合に，それはまさに他者とコミュニケーションをとる行為であることが理解できる。対する表出は，共有化するという方向性をもたないために，他者からすると行為を受容し読み取らなければならないが，その対応によってはコミュニケーションの手段としての表現となり得る可能性をもっている。

　特に幼児期は，発達の大きな節目を迎える時期であるとともに，無意識的な表出から意識的な表現へと移行する過渡期にあたる。したがって，表出は受け止めと読み取りが必要な表現であるということを認識し，子どもの伝達しようとする気持ちの有無にかかわらず，あらゆる行為が表現となり得るという気持ちで，子どもと接することが大切である。

5 日常生活と表現

　子どもの育ちにおける遊びの有効性については，多くの研究がなされており，その教育的意義については周知のとおりである。遊びは，楽しさや喜びという快の感情を伴うことから，子どもの自発性や積極性を促し，より大きな教育的効果をもたらすことになる。子どもにとっての遊びが，勉強と同意語であるといわれるのはそのためであり，また低年齢児においてその傾向がより強く表れてくる。

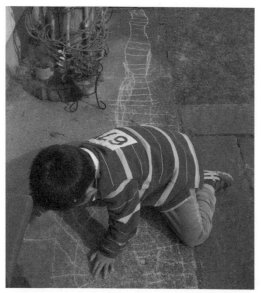

　大人は，仕事をするとき・趣味や娯楽に興じるとき・食事をするとき等，日常生活の中で行われる行為を，ある目的のために専門分化させて暮らしを営んでいる。しかし子どもの場合には，あらゆる行為が未分化な遊びを核として行われるために，表現も子どもの生活における様々な時と場で行われる行為としてとらえるべきなのである。さらに，表現することによって培われた意欲や自信が，彼らの生活に対する意欲や自信にもつながっていく。そもそも，豊かな表現とは，子どもの主体的な意欲に基づい

て具体化されるものであり，自らが楽しんで自発的に取り組むことなしにはあり得ないのだ。

6 遊びを通した人間形成

　子どもにとって，遊びは行為そのものに価値があるという意味で「無目的」である。しかも，低年齢児の場合には，日常における活動が大人のように専門分化しておらず，「行為の未分化さ」という特性をもっている。つまり，彼らの遊びは行為の「無目的性」と「未分化性」のために，生活のあらゆる場面において発生するのである。特に幼児期には，無意識的な表出も伝達を意識した表現も，このような遊びという行為の中において行われる。したがって，幼児の表現活動を大人の世界における専門分化した芸術表現と同様の枠組みからとらえるのではなく，彼らの日常生活における様々な時と場所において展開される行為として認識しなければならない。

　これらのことから，表現活動を保育の観点からとらえる場合には，音楽・演劇・文学・美術という既成の芸術分野からではなく，あくまでも子どもの生活の中で行われる行為として位置づける必要がある。加えて，表現を単なる技術主義的なものとしてではなく，遊びを通した子どもの人間形成の手段として扱うことが重要となる。

第5節　領域「表現」について

1 幼稚園教育要領の変遷

　幼稚園教育要領は，1956（昭和31）年に，その当時の文部省より初めて発刊された。その以前には，1948（昭和23）年に保育要領が同じく文部省より刊行されているが，これは，保育の方法や内容について参考にする手引き書という位置づけであり，幼稚園教諭だけでなく，保育所の保母，家庭の母親をも対象としていた。

　1956年発刊の幼稚園教育要領であるが，「健康」「社会」「自然」「言語」「音楽リズム」「絵画製作」という6つの領域で示された。

　6領域に分類したが，1956年に制定された幼稚園教育要領には次のような記述がある。

第1章 領域「表現」とは

> しかし，幼児の具体的な生活経験は，ほとんど常に，これらいくつかの領域にまたがり，交錯して現れる。（中略）小学校以上の学校における教科とは，その性格を大いに異にするということである。（中略）したがって，小学校の教科指導の計画や方法を，そのまま幼稚園に適用しようとしたら，幼児の教育を誤る結果となる。[6]

　これは，5領域である現幼稚園教育要領においても変わらない考え方であるが，当時，1950年代は第一次ベビーブームの影響で，公私立共に幼稚園が急増した時期であり，5歳児の就園率も20%に達した。このため，小学校の校長や指導主事が幼稚園を兼任する場合も多く，これも一つの要因となり，領域を教科と同じようにとらえている傾向もなかったわけではないようである。

　その傾向への対策や，小中高と「学習指導要領」が改訂された時期に合わせる形で，1964（昭和39）年に幼稚園教育要領が改訂される。6領域のままであったが，「原則として幼稚園修了までに幼児に指導することが望ましいねらいを示したものである」[7]と領域ごとのねらいを示した。

　その後，高度経済成長期，第二次ベビーブーム，幼稚園の就園率の上昇などもあり，子どもを取り巻く環境はずいぶんと変化した。しかし，1989年まで，幼稚園教育要領は改訂されることはなかった。

　1989年の改訂では，6領域が「健康」「人間関係」「環境」「言葉」「表現」の5領域となる。これは，従来の6領域は文部省のねらいと異なり，小学校教育での教科に準じているといった誤解を含めての批判に対応するものであり，6領域を解体して，新たに5つの領域を組み立てたのである。つまり，「表現」の領域でいえば，6領域の「音楽リズム」「絵画製作」が一つとなって，領域「表現」になったというわけではない。

　その後，1998（平成10）年，2008（平成20）年，2018（平成30）年と改訂を繰り返してきたが，内容的には変更点はありつつも，5領域の組み立てについての変更点はない。

2 保育所保育指針の変遷と内容

　保育所保育指針が初めて制定されたのは1965（昭和40）年のことである。4歳以上では，幼稚園教育要領の6領域におおむね合致するように「望ましいおもな活動」として保育や年齢ごとにとらえ，「健康」「社会」「言語」「自然」「音楽」「造形」の項目を設置した。それ以前の年齢における「望ましいおもな活動」は次のとおりになる。

1歳3か月未満：生活・遊び

1歳3か月から2歳まで：生活・遊び

2歳：健康・社会・遊び

3歳：健康・社会・言語・遊び

　その後，1990年，1999(平成11)年と幼稚園教育要領が改訂された翌年に保育所保育指針は改訂されていく。また，内容的にも幼稚園教育要領と同じく，5領域となり，年齢区分3歳児から6歳児までの基礎的事項は「健康」「人間関係」「環境」「言葉」「表現」に分かれて記載がされている。

　2018年改定の保育所保育指針より，前指針，第2章「子どもの発達」にあった発達特性や発達過程の記載がなくなり，そのことと併せて「保育の内容」が以下のように改定されている。

1．乳幼児に関わるねらい及び内容

2．1歳以上3歳未満児の保育に関わるねらい及び内容

3．3歳以上児の保育に関わるねらい及び内容

4．保育の実施に関して留意すべき事項

　このなかで乳児に関しては発達が未分化な状況であることから5領域ではなく，「健やかに伸び伸びと育つ」「身近な人と気持ちが通じ合う」「身近なものと関わり感性が育つ」の3つの視点からねらい及び内容が記載され，この3つの視点における育ちが5領域における育ちへとつながっていくようなイメージになる（第5章124～125ページも参照）。

　特に「身近なものと関わり感性が育つ」という視点は，「身近な環境に興味や好奇心をもって関わり，感じたことや考えたことを表現する力の基盤を培う。」ことから，「表現」の領域の連続性が強い。

　次の1歳以上3歳未満児，そして3歳以上児の保育に関するねらい，及び内容は5領域にて記載されている。

　3歳以上児に関しては，幼稚園，保育所，認定こども園のいずれであっても幼児教育を行っている施設であるという整合性を確保するため，細かい部分（たとえば，幼稚園教育要領が教師，保育所保育指針が保育士など）は異なるところがあるが，同じ内容であり，領域「表現」においても同様であることから第5節4以降を参照してほしい。

　一方，1歳以上3歳未満児の保育に関わるねらい，及び内容における

第1章 領域「表現」とは

領域「表現」については以下の通りになる。

オ　表現
　感じたことや考えたことを自分なりに表現することを通して，豊かな感性や表現する力を養い，創造性を豊かにする。

（ア）ねらい
① 身体の諸感覚の経験を豊かにし，様々な感覚を味わう。
② 感じたことや考えたことなどを自分なりに表現しようとする。
③ 生活や遊びの様々な体験を通して，イメージや感性が豊かになる。

（イ）内容
① 水，砂，土，紙，粘土など様々な素材に触れて楽しむ。
② 音楽，リズムやそれに合わせた体の動きを楽しむ。
③ 生活の中で様々な音，形，色，手触り，動き，味，香りなどに気付いたり，感じたりして楽しむ。
④ 歌を歌ったり，簡単な手遊びや全身を使う遊びを楽しんだりする。
⑤ 保育士等からの話や，生活や遊びの中での出来事を通して，イメージを豊かにする。
⑥ 生活や遊びの中で，興味のあることや経験したことなどを自分なりに表現する。

（ウ）内容の取扱い
　上記の取扱いに当たっては，次の事項に留意する必要がある。
① 子どもの表現は，遊びや生活の様々な場面で表出されているものであることから，それらを積極的に受け止め，様々な表現の仕方や感性を豊かにする経験となるようにすること。
② 子どもが試行錯誤しながら様々な表現を楽しむことや，自分の力でやり遂げる充実感などに気付くよう，温かく見守るとともに，適切に援助を行うようにすること。
③ 様々な感情の表現等を通じて，子どもが自分の感情や気持ちに気付くようになる時期であることに鑑み，受容的な関わりの中で自信をもって表現をすることや，諦めずに続けた後の達成感等を感じられるような経験が蓄積されるようにすること。
④ 身近な自然や身の回りの事物に関わる中で，発見や心が動く経験が得られるよう，諸感覚を働かせることを楽しむ遊びや素材を用意するなど保育の環境を整えること。

（保育所保育指針　第2章　保育の内容　2. 1歳以上3歳未満児の保育に関わる
ねらい及び内容　オ　表現）

　保育所は0歳児から就学前の幼児まで年齢幅が広く，その期間の成長
はとても大きい。だからこそ，各年齢に応じ，発達の連続性を捉えた保
育を実践する必要がある。

　それだけに，第5節4以降の幼稚園教育要領における3歳以上児の領域
「表現」のねらい，及び内容の解説をよく検討し，そこにつながる0歳児
乳児，1歳以上3歳未満児の保育のあり方を考えてほしい。また本書の中
に，乳児期の実践事例も含まれているのであわせて参照してほしい。

3 幼保連携型認定こども園教育・保育要領の変遷と解説

　認定こども園は2015（平成27）年に子ども・子育て支援新制度が創設
されて以降全国的に増加をしている。

　幼保連携型認定こども園教育・保育要領（以下，教育・保育要領）は2014（平
成26）年に初めて告示され，その2年後の2016（平成28）年に改定され
ることになった。

　それは，第5節2でも述べたとおり，幼稚園，保育所，認定こども園
の保育，教育の整合性を確保するためであり，領域「表現」においては，
保育所保育指針同様，乳児は発達が未分化な状況であることから5領域
ではなく，3つの視点における育ちが5領域における育ちへとつながっ
ていくイメージになる。

　また，1歳以上3歳未満児そして3歳以上児の保育に関するねらい及
び内容は5領域に分かれており，1歳以上3歳未満児（教育・保育要領で
は満3歳未満児）については保育所保育指針，3歳以上児（教育・保育要領
では満3歳以上児）については保育所保育指針，幼稚園教育要領と整合性
が図られているので，本書のそれぞれの部分を参考にしてほしい。

4 領域「表現」のねらい

　「表現」は「感じたことや考えたことを自分なりに表現することを通
して，豊かな感性や表現する力を養い，創造性を豊かにする」領域とし
て位置づけられている。

　「自分なり」とは，幼稚園教育要領，他に多くの箇所で使われている

第1章 領域「表現」とは

言葉である。乳幼児期の育ちは，子どもによって異なる。これは，表現においても同じであり，その異なる個性を画一的にとらえるのではなく，子どもの「自分なり」を認めることが，子ども一人ひとりを大切にした保育につながるのである。

「豊かな感性」「表現する力」を養うとあるが，感性が豊かな子どもとはどのような子どもであろうか，表現する力のある子どもとはどういった子どもであろうか。大きな声で自分の意見を言う子，思いきりなりきって遊ぶ子，絵の上手な子。これらの子どもの姿は，感性が豊かで，表現する力のある子どもといえるかもしれない。では，こういった子どもだけが感性豊かな子どもたちなのであろうか。

幼稚園教育要領解説には「幼児の自己表現は，極めて直接的で素朴な形で行われることが多い」[8]と書かれている。

つまり，歌が上手に歌える，絵が形になっている等といった表面上の表現だけを見るのではなく，素朴な子どもならではの表現を認め，子ども自身が充実感を味わうことのできる環境が大事なのである。

そして，それを友達や保育者と共有，共感し合うことで，創造力が豊かになっていくのである。

5領域それぞれに3つのねらいがあり，それぞれ，「心情」「意欲」「態度」の面から書かれたものである。領域「表現」のねらいは次のとおりである。

いろいろなものの美しさなどに対する豊かな感性をもつ。
感じたことや考えたことを自分なりに表現して楽しむ。
生活の中でイメージを豊かにし，様々な表現を楽しむ。

「いろいろなものの美しさ」とはどういったものが思い浮かぶであろうか。どこか観光地や，登山をしたときの景色を見たときの感動も美しいものであることはまちがいないが，それだけでなく，日常の中に美しいものはたくさんある。まずはそのことに保育者が気が付くような豊かな感性をもつことが求められる。また，子どもたちは大人には見つけられなかったものに気が付くことがある。それに共感できることも大切であり，このような共感姿勢，保育者の感性が子どもの豊かな感性をはぐくむ土台となる。

二つ目のねらいには，先に書いた「自分なり」という言葉が改めて書かれている。それでは，自分なりに表現する意欲を大切にする保育と

はどのようなことであろうか。そ
れは技術のみを教えることではな
く，子どもの内面世界を理解し，
子どもが安心して表現できる環境
を構成できるかということが重要
なこととなる。

　最後のねらいでは，まず，「生活
の中で」とある。子どもの生活の
大半は遊びであり，その中で，イ
メージ豊かに様々な表現を楽しめ
るようにしたい。そして，「様々な表現を楽しむ」とは，行事で発表する
ことだけを指すわけではない。また，保育者が様々な表現をさせること
でもない。

　子どもなりのイメージを受け止め，子どもの「直接的で素朴」な表現
を思う存分，できるように環境を構成していくのは保育者の役割である。

　表現とは，一人ひとりの内面，イメージが外化されることであること
は，先に述べた。それであれば，一人ひとりの異なる内面を画一的に表
現させることが様々な表現を楽しむことにつながるのであろうか。遊び
の中で，子どもたちが意見を言い合い，一つの表現に集約されることは
ある。それは，みんなが納得した結果であり，最初から与えられたもの
ではない。保育者が教えることのすべてを否定しているわけではなく，
まずは子どもの生活を見つめ，一人ひとりのイメージを理解することが大
切なことになるのである。

5 領域「表現」の「内容」

　領域「表現」の内容は8項目ある。それぞれについて解説をしていく。

①生活の中で様々な音，色，手触り，動きなどに気付いたり，感じたりするなどして楽しむ。

　幼稚園，保育所等の生活の中には，どのような音，色，手触り，動き
があるであろうか。また，どのぐらいの種類を思い浮かべられるであろ
うか。音であれば，幼稚園にある楽器もあるだろうし，自然物の音もある。
また静かにすることで気が付く生活音もある。保育者が音というものを
どこまで広域に意識できるかが，子どもが気付いたり，感じたりするこ

第1章 領域「表現」とは

とのできる基盤となる（第3章参照）。もちろん，他の色，手触り，動きなどに関しても同様のことが言える。

また，子どもが気付いたり，感じたりしたことに共感し，さらに遊びへと発展させられるような工夫が必要なこともある。保育者が共感することで大きな満足を得る子どももいれば，友達に伝え，そこから遊びへと発展させることに楽しさを見つける子どももいる。このような多様な子どもの姿に対応できるように日頃から，様々な音，色，手触り，動き等の教材研究をしておくことは保育者として必要なことである。

保育者としてもう一つ大切なことは，音，色などの一つ一つを大切にすることである。音であれば，子どもと踊るためにCDをかけるとき，音量はどのぐらいがいいのか，壁面の色は，どの色であれば落ち着いた環境になるのか，保育者としての所作は子どものモデルとなるものであるのか等，細かいところを大切にできる保育者であることが望ましい。

②生活の中で美しいものや心を動かす出来事に触れ，イメージを豊かにする。

表現するためには，イメージが豊かであることが大切である。そのイメージを豊かにするためには，内面を磨く必要がある。そして，内面を磨くためには，美しいものや心を動かす出来事に触れ，感じることが大切なこととなる。

ふだんの生活の中で，最近，美しいもの，心を動かす出来事はあったであろうか。もし，すぐに思いつかないのであれば，それは美しいもの，心動かす出来事を狭義に考えているのかもしれない。

子どもは草花，虫，雲の形，公園で見つけたBB弾，大きな石にすら驚き，興味をもつことがある。また，散歩に行けば，大人が気付かないようなものに興味をもち近づく。生活の中には視点を変えたり，視野を広げたりすれば，気が付く美しいもの，心を動かす出来事が多くある。

今の日頃の生活の中にある美しいもの，心動かす出来事に気が付くことのできる感性を磨き，それを大切にできる保育者になってほしい。

③様々な出来事の中で，感動したことを伝え合う楽しさを味わう。

　様々な出来事の中で，何か感動したことがあるとそれを誰かに伝えたくなることは，子どもも大人も同じことであろう。そして，その感動が共有できると，その感動はさらに深いものになる。

　伝え合うことができるために，まず必要なことは信頼関係の構築である。信頼関係が自分の意見を安心して言うことのできる，表現できる環境の基盤となるのである。

　子どもの表現は，先に書いたとおり，「直接的で素朴」であるため，感動が伝わりきらないことがある。そのときに保育者が間に入ったり，朝の会など，子どもたちが集まった時間に伝えられる時間を設けたり，また，子どもがつくったものを展示したりする場所を設けたりする等，伝えたいことが，伝わるような工夫も必要である。

　また，伝え合うとは，伝えるだけでなく，聞くことも大切な要素となる。表現を受け止め，それをまた，相手に返す。その表現のキャッチボールが刺激し合う構図となり，子どもの感性，表現を豊かなものにしていくのである。

④感じたこと，考えたことなどを音や動きなどで表現したり，自由にかいたり，つくったりなどする。

　音，動き，かく，つくる。これらは大人からみると，すべて異なる表現方法であり，分類ごとに考えることが多い。音楽表現，造形表現という専門分野があることがその証拠であろう。それぞれの分野を学ぶことは，保育者になる上で，重要なことである。しかし，それぞれをカテゴリーとして考え，混ざり合わないものとしてしまうと，子どもの表現を理解することの弊害になる可能性がある。

　たとえば，絵を描くとき，子どもは描きながら，その絵を言葉で表現していることがある。また，歌を友達に聞いてもらいたくて，ポスターを描いたり，チケットをつくったりと，それぞれの分野を乗り越えることがふつうである。

　小学校でいえば，音楽，図工，国語といった教科に分化されていくが，幼稚園や保育所は総合的に子どもの育ちを見ていく。であれば，子ども

第1章 領域「表現」とは

の表現をそれぞれの専門分野に分割するのでなく，相乗効果が生まれるような意識が保育者に必要であり，だからこそ，「自由に」という言葉の意味を考える必要がある。

⑤いろいろな素材に親しみ，工夫して遊ぶ。

　子どものイメージはときとして，大人の考えが及ばない方向に向かうことがある。大人の考えを超越するほどのことを思いつくことがある。子どものイメージを保育者が「今，それはできない」「物がないから，また後でね」としてしまった場合，多くの子どもたちのイメージは，その場限りのものとなってしまうことがある。

　そうしないためには，子どもを日頃からよく見ることと，日々の教材研究が必要となる。

　子どもの表現を十分に発揮させられる教材とはどのようなものか，「いろいろな素材」にはどういったものがあるのか，子どもが工夫して遊べる素材とは何か等，日頃から素材について検討し，準備をしておくことである。この素材は，購入するものばかりではない。廃材等からも，子どもは様々な工夫をし，遊びに活用をする。

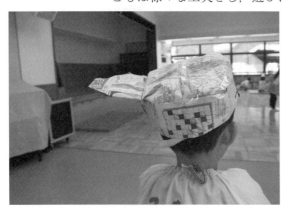

　また，いろいろな素材について研究することとともに，一つの素材の活用方法についても考えていきたい。

　たとえば，新聞紙は，破ることもできれば，折って帽子等をつくることもできる。また，おなかに新聞紙をくっつけたまま走れば，運動遊びにも活用することができる。このように，一つの素材の活用もあわせて考えていきたい。

⑥音楽に親しみ，歌を歌ったり，
**　簡単なリズム楽器を使ったりなどする楽しさを味わう。**

　歌を歌ったり，音楽に合わせて踊ったりすることが好きな子どもは多い。気分が高まると鼻歌を歌うことや，子ども同士で振り付けを考え，踊り，それが発展し，他の子どもたちの前で発表をするような場面もある。

　これらは，生活，遊びの中で，音楽に親しんでいるからこそ出てくる場面であり，これが，保育者が主体となり，正しい音程で歌うことや，

簡単ではないようなリズム楽器ができることのみを子どもに求めていたならば，子どもたち自身が音楽に主体的に親しむことはしなくなってくるであろう。

「音を楽しむ」と書いて，音楽である。そうであれば，うまい・へた，できる・できないという部分のみで評価するのでなく，子どもにとって「音を楽しむ」ということを考えた保育の展開が望ましい。

また，子どもたちには，美しい音楽を聴かせたい。「生活の中で美しいものや心動かす出来事に触れ，イメージを豊かにする」という内容のように，美しい音楽を聴くことにより，心が動き，イメージが豊かになっていくのである。

⑦かいたり，つくったりすることを楽しみ，
　遊びに使ったり，飾ったりなどする。

「かいたり，つくったり」という行為には，技術が伴う。しかし，その技術習得が主目的となっているのであれば，その評価は「できる，できない」となってしまう。それでは，楽しんだり，遊びに使ったり，飾ったり等という内容が見られることは少ない。

子どもは，内面にあるイメージを表現したいと思ったとき，技術，方法を検討する。つまり，内面にあるイメージを具体化する方法の一つとして，「かいたり，つくったり」を選択しているのである。

たとえば，梨狩りに遠足に行く。その遠足で感じたことを表現するのは，絵だけではない。そもそも，遠足は初めから，絵を描く，製作をするということを目的にしているわけではない。遠足で感じたことは一人ひとり異なる。感じたことが異なるのであれば，画一的に絵を描くといったことに集約するのではなく，子どもの感じた思いに合った表現方法の検討が必要であろう。

また，自分がつくったものを飾ることにより，他の子どもたちがつくったものを認め，自信につながることもあれば，つくったものを見た子どもたちの刺激になることもある。このような相乗効果が生み出されることもあるので，ただ絵を飾って保護者に見てもらうことだけを目的にするのではなく，子ども同士の関係にも着目してもらいたい。

⑧自分のイメージを動きや言葉などで表現したり，
　演じて遊んだりするなどの楽しさを味わう。

幼児が，自分のイメージを動きや言葉で表現したり，演じて遊んだり

第1章 領域「表現」とは

している姿は，ごく自然な姿といってもよいのかもしれない。語彙の少ない子どもたちは，言葉と共に動きで表現することは多い。また，自然と体が動くことが子どもならではといっていい表現方法であろう。また，演じて遊ぶごっこ遊びやままごとなどの子どもたちの姿は想像しやすいのではないだろうか。

　ごく自然な姿だからといって軽視していいわけではない。子どものイメージを精一杯動きや言葉で表現している姿を受け止める重要性は何度も書いてきていることであるし，演じて遊ぶ楽しさを理解しつつも，発表会の劇等では，子ども主体から離れ，楽しさとは違う方向性になってしまっているのであれば，この内容のもつ意味をよく考える必要があるだろう。

6 領域「表現」の「内容の取扱い」

　領域「表現」には3つの内容の取扱いが書かれている。
① 豊かな感性は，身近な環境と十分に関わる中で美しいもの，優れたもの，心を動かす出来事などに出会い，そこから得た感動を他の幼児や教師と共有し，様々に表現することなどを通して養われるようにすること。その際，風の音や雨の音，身近にある草や花の形や色など自然の中にある音，形，色などに気付くようにすること。
② 幼児の自己表現は素朴な形で行われることが多いので，教師はそのような表現を受容し，幼児自身の表現しようとする意欲を受け止めて，幼児が生活の中で幼児らしい様々な表現を楽しむことができるようにすること。
③ 生活経験や発達に応じ，自ら様々な表現を楽しみ，表現する意欲を

十分に発揮させることができるように，遊具や用具などを整えたり，様々な素材や表現の仕方に親しんだり，他の幼児の表現に触れられるよう配慮したりし，表現する過程を大切にして自己表現を楽しめるように工夫すること。

　これらの内容の取扱いについては，「内容」の部分で解説したことと重なることも多いので，そちらを参照してもらいたい。

　特に表現の領域は，技術的な部分を重視し，結果だけで評価されてしまうことがある。たとえば，できあがった絵，発表会での劇，運動会でのリズム体操等のことである。そもそも，これらを表現の領域だけでとらえるのは，領域の理解不足といえる。また，表現の領域から，これらのことを検討したとき，できあがった結果だけで評価するのでなく，その過程を丁寧に理解していく必要がある。またその過程は保護者等にとってはとても分かりにくい部分もあるので，それらを伝えられることは近年の保育者に求められる技術の一つといえるであろう。

第1章 領域「表現」とは

① 感性とは何か，自身の経験をもとに考えよう。
② 「技術主義的」ではない表現教育とはどのようなものか。
③ 「感じたことや考えたことを自分なりに表現することを通して，豊かな感性や表現する力を養い，創造性を豊かにする」ための保育者の役割とは何か。
④ 「表現する過程を大切」にするための保育のあり方とはどのようなことか。

引用文献

1　岡田陽編『子どもの表現と劇遊び』フレーベル館，1988 年，12 頁
2　岡田陽編，前掲書，12 頁
3　坪内逍遥『家庭用児童劇』早稲田大学出版部，1922 年，184 頁
4　坪内逍遥，前掲書，192-3 頁
5　ブライアン・ウェイ『ドラマによる表現教育』岡田陽・高橋美智訳，玉川大学出版部，1952 年，13 頁
6　文部省「幼稚園教育要領　昭和 31 年改訂」第Ⅱ章　幼稚園教育の内容，1956 年
7　文部省「幼稚園教育要領　昭和 39 年改訂」第 2 章　内容，1964 年
8　文部科学省「幼稚園教育要領解説」2018 年，233 頁

参考図書

◎ 岡田陽編『子どもの表現と劇遊び』フレーベル館，1988 年
◎ 花輪充編『遊びからはじまる学び』大学図書出版，2010 年
◎ ブライアン・ウェイ『ドラマによる表現教育』岡田陽・高橋美智訳，玉川大学出版部，1952 年
◎ 佐藤学・今井康雄編『子どもたちの想像力を育む──アート教育の思想と実践』東京大学出版会，2003 年

第2章

生活の中における子どもの表現

子どもたちの生活とは何か，その生活の中にある子どもたちの表現とはどのようなものか，実際の生活の中における表現についていくつかの事例と共に紹介し，それら一連の表現から子どもたちが何を学んでいるかを考察していく。さらに子どもたちが表現したものを，保育者としてどのように受け止め発展させるかについても考えていく。

 第1節 子どもたちの生活とは

1 生活を生活で生活へ

倉橋惣三は著書『幼稚園真諦』の中で次のように述べている。

> もっともっと幼児の自然の生活形態のままで保育がしていけないものかと考えてばかりいるのです。できるだけ幼稚園らしくない形をとらせてみたら，本物が出てきはしないかとさえ試みているのです。それでもまだ幼稚園臭い。（中略）ちょっと外から来て見ても幼稚園だとすぐ気がつくような臭みがぷんとする。子供というものの匂いよりも幼稚園の臭みがする。[1]

倉橋が『幼稚園真諦』を書いたのは，1934（昭和9）年のことである[注1]。その当時の一般的な幼稚園で行われていた保育について坂元は次のように述べている。

> 四つないしは五つの保育項目を，毎日三十分刻みの時間割に組み込み，そのような一週間の課程表を毎週くりかえして実施する，というのが，よく行われていた保育法であった。[2]

倉橋は，このような画一的で一斉的な保育を「幼稚園臭い」と批判をしたのである。現代の保育のあり方と，その当時の幼稚園は異なる部分

第2章 生活の中における子どもの表現

も多いが,「幼稚園臭い」という批判は,現代にも通じる部分があるのではないだろうか。

保育者主導で物事が決まり,子どもはそれに従うだけの生活。保育者は決めた計画をただこなすだけ。子どもをできない存在とし,教え込む保育等。これらは,倉橋が『幼稚園真諦』を書いた当時と何ら変わらない「幼稚園臭い」場所である。

倉橋は「特に教育の場所である前に,子供自身の場所であるのが幼稚園ではないでしょうか」[3]とも述べている。

幼稚園,保育所が「子供自身の場所」であるためには,保育者主体ではなく,やはり子どもが自由感をもち,遊びを通して様々なことを学ぶ環境であること。そして,大人の生活ではなく,子どもの生活の場であることがまずは大事なことではないだろうか。

また,倉橋は,同書の中で「生活を生活で生活へ」[4]という言葉を挙げている。

この言葉に対して,坂元は「子どもの生活をその具体的な生活をじゅうぶんにいとなませることによって,より高い生活へみちびく」[5]と解説している。

さらに,「ほんとに子どもの生活らしい姿での生活形態で幼稚園での生活が行われるようでありたい」[6]とも述べているのである。

一方,秋田は「大事なことは「生活へ」とより高次の質の生活へと転換を図っていくことにあるだろう」[7]と述べ,一番最後の「生活へ」に込められた思いについて考えている。食事をして,寝て,時間を過ごすのも「生活」であろう。しかし,このような姿のみが,子どもの生活とは思えない。また,「高次の質の生活へ」と転換はしないであろう。

幼稚園教育要領解説は「幼児期の生活のほとんどは,遊びによって占められている」[8]としている。

遊びは,子どもが主体的に関わるものである。また,遊びは子どもたちに多くのものを教えてくれる。であるから,子どもの生活をさらに豊かな「生活へ」とするための一つに遊びがあるといえる。

遊びといっても,その姿は多様である。「〇〇遊び」という名前を大人がつけているだけで,子ど

もが受け身になっているだけのものがある一方,「名のない遊び」[注2]といわれるような,子どもたちが独自に考えてつくり上げた遊びもある。
　また,遊ばせっぱなしでも,豊かな「生活へ」にはつながらない。そこにはやはり保育者の役割がある。幼稚園教育要領にも,様々な箇所で保育者の役割を示した記述がある。保育者は子どもの安全管理のみを行う者でもなければ,次々と指示を出し続ける存在でもない。あくまで,子どもの生活が一番であり,環境を通して,高次の「生活へ」高めていく必要がある。その際,生活のほとんどを占める遊びの質がとても重要であり,この遊びの質が子どもの豊かな「生活へ」を決めていく一つとなるのである。

2 生活の中の経験

　子どもたちは経験を通して様々なことを学ぶ。たとえば,お店屋さんごっこでは,お店の仕組みを学ぶだけでなく,お店にお客さんが来てもらえるような工夫やアイデア,それらを友達といかに共有するか,また,役割分担をする等の協同性等が学びとして考えられる。
　子どもは失敗からも多くのものを学ぶし,友達とけんかをすることで,人の気持ちを考えるきっかけになるかもしれない。それだけでなく,幼稚園,保育所は様々な体験,経験ができる場所である。様々な人がおり,同じ学年,異年齢,保育者や保護者等多様な関わりが経験できるのである。また,園庭,保育室等の物的環境,空間的環境は子どもが経験を通して様々な学びができるように考えられているはずである。
　そして,それらに興味関心をもって関わるからこそ,大きな学びがあるのである。
　たとえば,年長組の姿に憧れ,興味をもち,縄跳びに自ら取り組んでいる子どもと,縄跳びの時間が用意され,保育者にできるまで指導をされている子どもでは,内面の育ちに大きな違いが出る。
　この事例で,もし縄跳びがうまくできなかった場合,前者はさらに年長児への憧れが増すが,後者であれば,劣等感が育つ可能性が

第2章 生活の中における子どもの表現

ある。興味関心をもって意欲的に取り組むからこそ、自然であり、幼児期にふさわしいものとなるのである。

3 行事と生活

幼稚園や保育所では、運動会、発表会、造形展といった行事や七夕、十五夜、ひな祭りといった年中行事等、様々な行事が行われる。この行事に対して、幼稚園教育要領では次のように書かれている。

> 行事の指導に当たっては、幼稚園生活の自然の流れの中で生活に変化や潤いを与え、幼児が主体的に楽しく活動できるようにすること。なお、それぞれの行事についてはその教育的価値を十分検討し、適切なものを精選し、幼児の負担にならないようにすること。
> (第1章 総則 第4 指導計画の作成と幼児理解に基づいた評価 3 指導計画の作成上の留意事項 (5))[9]

上記の文章から、行事を行うために幼稚園が存在しているわけではないのである。つまり、「行事のための生活」をするのではなく、「生活のための行事」である必要がある。

生活のための行事とするためには、次の点の配慮が必要である。

一つは、行事の前後の子どもの生活についてである。行事前は、教育要領にあるように、幼児の負担にならないような配慮がまずは必要である。

多くの行事は、保護者が参観する。そのため、見せるための練習に重きをおくこともあるようだが、見せることばかり考えるのではなく、いかに、子どもが主体的に参加できるかということに配慮すべきであり、子どもが興味をもって取り組めるようなものでありたい。

たとえば、子どもたちの間ではやっている遊びの中から発表会の題目を考える等、子どもたちの生活が行事を通してさらに豊かなものへと発展するような、行事と日常生活に相乗効果が生まれるような関係性を大切にしたい。

一方、行事終了後の生活も、行事が終わり、すぐ次の活動、行事へとめまぐるしく変化するのが、「幼稚園生活の自然の流れ」とは思えない。行事を通しての経験、体験がじっくりと子どもの生活の中に溶け込むような生活の流れが必要である。

たとえば、発表会で行った劇の役を変えてみる。運動会で行った他の

学年の競技を行う等が考えられるだろう。また、その行事ではぐくんだ人間関係や経験は、他の遊びの中で生かされていくのだから、その時間が保障されるように、時間や環境構成を丁寧にしていきたい。

　次に、行事のねらいである。幼稚園、保育所はその園の歴史の中で様々な変更や変化があり、行事も同様に、数の増減、内容の検討がなされているはずである。では、「なぜ、その行事を行っているのか？」の問いに「毎年行っているものだから」という答えは、「その教育的価値を十分検討し、適切なものを精選」している証拠になるであろうか。

　一つ一つの行事のねらいを明確にし、保育者間で共有すること。そして保護者に理解をしてもらうことは、とても大切なことである。一つ一つの行事を大切にするのであれば、その行事のねらいを大切にすることと、じっくりと関われる時間や環境が必要になる。もし、明確にならず、「毎年行っているもの」以外の目的が見当たらないのであれば、それは子どもにとって必要な行事でない可能性がある。また、このような行事では、保育者もどのように子どもを指導すればよいか迷いが生じてしまうであろう。

　そして、行事の数である。幼児期の教育はときおり「行事教育」と揶揄されることがある。そのくらい幼稚園、保育所で行われる行事は多い。多くなればなるほど、一つ一つの行事にじっくりと関わることができないだけでなく、日常の生活も慌ただしいものとなり、「幼稚園生活の自然の流れ」ではなくなり、「幼児への負担」も大きなものとなるだろう。年間にいくつがふさわしいという数はない。なぜなら、園の教育、保育方針によって一つ一つの行事の内容が異なるからである。キリスト教の幼稚園では、クリスマスはひじょうに大きな行事の一つとなるし、自然環境が豊かな園では、栽培物の収穫が行事ではなく、日常生活の中で行われていることになるのかもしれない。このように行事の内容、考え方は園によって異なる。だからこそ、行事の質については、幼稚園教育要領の前出した一文をもとに、園内で検討しなければならないのである。

第2章 生活の中における子どもの表現

第2節 日常における表現遊び1 ―砂場―

　「子どもは遊びの天才だ」とよく言われる。子どもは生活の中で遊びを通じて様々な事柄を学んでいる。家庭でも幼稚園や保育所でも，様々な遊びを通して生きていく術を身に付けていく。五感のすべてを駆使して，見たり聞いたり触ったり，ときにかいでみたり味わってみたりと，興味ある対象はとことん追求していく。一人遊びも様々あるが，仲間がいることでその遊びもさらに多様化していく。

1 泥団子遊び

　いつの時代でも，子どもたちが一度は経験するであろう泥んこ遊び。この遊びの中にも単に泥団子をつくるだけではなく，子どもたちの豊かな発想や表現を引き出す過程が秘められている。その一例を紹介する。

　園庭で一人の子どもが泥団子をつくっていると，友達がやって来て「何つくってるの？」と尋ねる。通常は「団子」という答えを想像するが「お菓子」と答えが返ってきた。周りの子どもたちが「えっ？」となる。そしてすかさず「何のお菓子？」「ケーキとおまんじゅうとビスケット」。その場はにわかに「僕も，私も」とにぎやかなお菓子屋さんへと変わっていく。

　いろいろな形のおまんじゅうからイチゴのショートケーキやチョコレートケーキ，ロールケーキにバースデイケーキ。そして，一見するとおまんじゅうとさほど変わりないビスケットが並ぶが，子どもたちにとってそれは，それぞれ味の違うビスケットなのだ。

　やがて「こんにちは，ここは何屋さんですか？」「お菓子屋です！」とのやりとりが交わされ，お菓子屋さんごっこの始まりである。飛ぶように売れていくお菓子たち。何味か，どんな香りがするか，そのまま食べるか，切って食べるか。そのうち「ポテトチップはないの？」「グミは？」「〇〇コーンは？」等々，マーケットに並ぶお菓子の名前が次々と子どもたちから発せられ，泥団子をめぐる子どもたちのやりとりも多種多様である。

　こうした一連の子どもたちの遊びには，泥団子を様々なものに「見立てて」遊ぶ姿がある。この見立てる遊びは想像力を豊かにし，創造する力へと発展する。

この泥団子がこんなお菓子だったらいいな，おいしそうな匂いがしたらいいなと願い，想像しながらつくっている。となりでつくっている友達がとても上手なケーキをつくるので，泥や水の量等を尋ねつつまねながらつくる。創意工夫の中に物理や科学等の基礎が見える。こうつくれたらいいなという憧れが創作意欲につながっていく。

　泥団子遊びからお菓子屋さんごっこ遊びへと発展させ，お菓子屋さんに扮して遊ぶ子どもたち。「どろ」という素材に親しみ，工夫して遊んでいる。そして，自分のイメージを泥のお菓子で表現し，なおかつお菓子屋さんになって演じて遊び，その楽しさを十分味わっていたのである。

2 遊びからの成長

　この遊びの中で泥のバースデイケーキをめぐり，ちょっとしたトラブルがあった。買いに来た子どもに店員役の子どもA君が売らないと言う。これは自分の家族の誕生日のためにつくったケーキだからと言う。
　しかし，「いつ，誰の誕生日？」と聞かれてもなかなか答えられずにいると「自分が食べたいんじゃないの？」と，やや意地悪な言葉も飛び出す。見かねた店員役の友達が「今から新しいケーキをつくるからもう少しお待ちください」と助け舟を出す。買いに来た子どもは不満ながらも納得し一件落着のように思えた。だが，売らなかった，いや，売れなかったA君には理由があってのことであり，それをみんなに分かってもらえなかったというわだかまりが残った。
　実はA君には妹がいた。妹が生まれて兄になった喜びとは裏腹に，今まで自分だけをかわいがってくれていた周りの大人たちが，妹ばかりをかわいがる姿にやや嫉妬をしていたのだ。もうすぐ1歳になる妹のお祝いに，兄としてケーキをつくってみたかった。泥のケーキとて本気である。ところが肝心の妹の誕生日を忘れてしまい，さらに，妹に対する嫉妬心もあるが，やはりいとおしさもあるといった複雑な心境を，周りの友達に伝えられる術がA君にはなかった。そんな心中と，友達関係

第2章 生活の中における子どもの表現

の狭間でどうしたらいいかわからないA君は，とうとうケーキを壊し泣き出してしまった。担任が理由を聞いてもA君に話せるわけがない。

▶ 担任の対応

- その日のお帰りまでに，一連の遊びからことの起こりまでをつぶさに連絡帳に記載。
- 迎えに来た母親に口頭でも伝える。
- A君が家に着き，落ち着いた頃を見計らって母親に電話をし，様子を伺う。

▶ 母親からの返答

- 翌日，母親が，A君のその日の家での様子や妹が生まれてからここ数か月の様子を担任に伝えた。
- 家では妹に対しかわいいと思う気持ちと，僕を見てほしいという気持ちがあり，癇癪を起こすこともあった。
- 母親が妹に関わることが多いときは，父親がいればできるだけA君に寄り添って遊び，不在の場合は一緒に妹の世話をしてもらい，頼りがいがあることを感じさせている。しかし，あまり強制しないように気を付けている。

▶ 翌日のA君に対する担任の対応

「A君，昨日はつらかったね。でもA君，本当はやさしい人ね。ありがとう」とA君に伝える。

担任はA君のとった行動を理解しようと必死であった。しかし，その日中に解決できなかった自分に，A君の気持ちを理解してあげられなかったことに，ふがいなさを感じていた。母親の言葉でようやく理解できた担任は，A君を抱き寄せて泣いた。こうしてA君は心中の思いをようやく自分以外，特に担任や園の友達に理解してもらえ，安堵を覚えたのである。

上記の出来事は美談のようであるが，子どもたちの遊びの中では自分の思いがうまく伝わらないため，友達とのトラブルが日常茶飯事である。A君は担任に理解してもらえたが，理解してもらえない子どもたちもいるだろう。遊びを通じた様々な経験の中には，遊び方の経験だけではなく，友達に対する様々な思いや心の葛藤，そして人間関係を円滑に営むコミュニケーション力の基礎も含まれるのは言うまでもない。

泥団子遊びの中では，うまくつくれない，自分の思いが友達にうまく伝わらないといったことも克服し，自分一人では解決できないことも周りの友達に助けられながら解決できた経験をする。表現する遊びには，自分を見つめ，他人を受け入れ，物事に対し失敗を恐れず肯定的に考察できる機会が多くあり，子どもたちは日々成長していくのである。

第3節　日常における表現遊び2　－ごっこ遊び－

　子どもが「この遊びをしてみたい」と思うような素材を環境として様々に用意しておくのが幼稚園，保育所であり，遊びの中でもごっこ遊びはその最たるものである。たとえば，お姫様ごっこ，動物ごっこ，電車ごっこ，おうちごっこ，お店屋さんごっこ，病院ごっこ，海賊ごっこ，忍者ごっこ，宝探しごっこ，お化け屋敷ごっこ，学校ごっこ，警察ごっこ等，日々の生活に根づいたものから，空想，イメージの中のものまで種類は様々である。

　年少組，年中組，年長組のどの学年でもごっこ遊びは好んで行われ，自分のイメージに近づくことができるように役になりきったり，遊びの中で使うものを本物そっくりにつくり上げたりすることを楽しむ。そして，年齢が上がれば上がるほど，本物に近いものを求めていくようにもなる。

3歳児年少組　お姫様ごっこ

　環境として，保育者がスカート，ドレス等の衣装を用意しておいたり，保育者自ら自分がつくったドレスを着ていたりすると，自然と女の子が集まり，お姫様ごっこが始まる。

　お姫様になった女の子は，口調も「～しましょう」「うふふ」「～するわよ」といった丁寧なものになったり，ドレスをつまんでゆっくり歩いたり，舞踏会が開かれると優雅にクルクルと踊ったりする。自分と同じようにお姫様になっている友達が一緒にいることで，楽しさも増え，その日一日だけではなく継続して遊びを続けるようになる。

　すると，遊びの内容もどんどん発展させていきたくなる。踊りたい音楽を探したり，衣装をビニールの袋でつくっていろいろと装飾をしたり，舞踏会をショー形式にして，お客さんに見に来てもらったりする。ほか

第2章 生活の中における子どもの表現

の友達や保育者に「かわいい」「すてき」と声をかけられることで気分も盛り上がっていく。

　幼児期に，イメージの世界でたくさん遊んでおくことで，「こうなりたい」「これをしたい」という思いが満たされることとなる。自分の思いが満たされることで，今度は外からの要求，たとえば友達の気持ちを受け入れる，しなければいけないことをする等に対して，「受け入れよう」という気持ちが働くと思われる。まずは，自分の気持ちが受け入れられた経験があって初めて，次にほかのことに目が向いていく。幼児期にどれだけ，自分の思いを表現し，それを受け入れてもらったかによって，それからの生活が大きく変化していくことになるのだろう。

4歳児年中組　忍者ごっこ

　男女関係なく遊びに参加でき，イメージを通して身体も動かすことができる遊びである。この遊びは，まず立派な忍者になるために修行を重ねていくところからイメージの共有を図る。

　忍者になりきるために，長袖のシャツや帽子を頭にかぶり顔を隠す，新聞紙で剣をつくり常にもち歩く，「～でござる」という言葉を使う等，忍者になるための準備を子どもたちで考える。また，準備を友達とみんなで行い，友達と同じ格好をしていることで，遊びを共有していることが見た目からも感じられる。

　そして，それができたら修行に出かける。その内容は，木登り，高い所からのジャンプ，知らない所に探検に出かける，誰からも気付かれないように静かにゆっくり歩く，早く走る等である。そのような修行をしながら，忍者らしくなっていく友達には「すごい！」という賞賛の声も上がる。友達を認めたり，自分も認められたりしながら，自分を忍者らしく表現することに意欲を燃やす姿が見られる。数人の友達と遊びを共有することで「明日もまた遊びたい」という思いにつながり，また，修行が一つ達成できると，「さあ次は何だろう」という期待につながり，このような期待感により，遊びが継続していくための意欲につながっているのである。

何かになりきることも大切な要素である。何かに変身したい願望をもち変身した結果，できるようになることも多い。できるようになった自分は変身した自分であるが，元々の自分でもある。そういう混在した意識も，子どもはうまく使い分けることができているようだ。状況や時間や場所，友達や遊ぶもの等によって，自分をその

場にふさわしく変身させることは，子どもにとって大切なことであると思われる。結果として，「自分はできる」という思いをもって日々を過ごすことは，確かな成長につながる。

日常における表現遊び3 ―行事との関連―

1 「こどもかい」（表現発表会）に向けて

　事例の園では，学年ごとの締めくくりの3学期2月中旬には「こどもかい」という表現活動の行事があり，保護者は我が子の1年間の成長をこの行事を通して見ることになる。

　ここまで挙げてきたような遊びを日々繰り返している子どもたちは，学期末には自分を多様な形で表現することを楽しむことができるようになってきている。そのような子どもたちの姿を表現発表会の場でどのように見せるかは，1年間子どもたちと生活を共にしてきた保育者が子どもと共に考えていく。

　まずは，学年ごとに「こどもかい」のねらいを立てる。ねらいは，そのときの子どもの様子から判断し，向かわせたい方向，挑戦させたいこと，感じさせたい思い等を含んだものにし，個々人一人ひとりの思いに対応し，一人ひとりの子どもがねらうことができるような内容を盛り込んでいる。以下は，ある年の「こどもかい」のねらいである。

▶ 3歳児年少組のねらい
・役になりきって遊ぶ楽しさを感じる。

39

第2章　生活の中における子どもの表現

・イメージをふくらませながら、身体の動きや表情、言葉で、心の動きを表現する。
・イメージを共有することで、クラスみんなで遊ぶ心地よさを感じる。

▶ 4歳児年中組のねらい
・身体全体を使って、思いきりよく自分を表現する。
・身体の動きや言葉で表現する楽しさを味わい、自信を深める。
・友達と同じ場で活動することで楽しさを共有し、協同した活動のおもしろさに気付く。

▶ 5歳児年長組のねらい
・友達と相談・協力し合いながら、クラスの目標達成に向けて意欲的に取り組む。
・自己表現を楽しむとともに、友達の表現を受け入れることで、お互いを助け合い、認め合う仲間意識を高める。
・自分の役割を理解し、友達とともにイメージをふくらませ、のびのびと表現しながら、クラスで一つのものをつくり上げていく楽しさを味わう。

2　5歳児年長組の「こどもかい」当日までの活動の様子

　年少組、年中組と2年間の幼稚園生活を経て年長組になり、3年目の集大成の学年である。いろいろな期待が大きいが、適度な期間、適度な緊張感をもち続けていることが大切である。そのためにも以下のような流れをつくり、集中力を保つことができるようにしている。

① クラスのみんなで何をしたいかを決める
　まず最初は、様々な表現方法があることを伝え、全員で何をしたら楽しいかを考える。これまでに子どもたちから挙がった発表の形としては、劇をする、運動を見せる、できるようになったことを発表する、ショーを見せる、歌を歌う、言葉遊びをする等があった。それらの中でも「見てもらうものにする」ということが分かった段階で、「劇をする」につながることが多い。すると、話をつくるか、もともとある話を演じるか等が論点となっていく。

② 自分の役を決める

何をするかが決まると，次に自分がその中で何をしたいかを決める。人前で話すことが好きな子はナレーターを選ぶし，演じることが好きな子は役を選ぶ。やってみたい役があればそれを選ぶことが多いが，役の数によってはなかなか決まらなかったり，誰もやらない役が出てきたりもする。そういう場合はまたみんなで相談する場をもつ。

③ 演じる

とりあえず演じてみる。何回もクラスで読んでいる絵本が題材になっている場合，言葉を覚えていたり，自分で台詞をつくってそれを言ったりすることもある。そういうことができると，とても自然に子どもの中に内容が入っていく。逆に台詞が決まっていることで「文字が読めない」「読んでもまちがえてしまう」等のことに縛られてしまい，「いやだな」「うまくできない」と感じてしまう子も出てくる。そうすると楽しんで進んでいくことができない。そうならないように，台詞を決めるにしても最後の最後にし，まずは子どもの頭の中に内容が浸透するのを待つようにする。子ども自身が内容を楽しんだり理解したりしないと，ただ強制的にやらされているだけの表現活動になってしまう。

④ 覚える

内容が完全に頭に入ったところで，みんなが動きやすいように，台詞や動きを決めていく。しっかり決めることで動きやすくなる子も多い。進めていく上での変更はその場でしていきながら，どんどん子どもの思いに即した内容に変化させていくことを，子ども自身も保育者も楽しんでいく。そういう流れをつくると，内容全体を自然と子どもたちが覚えていき，自分が出ていない場面であっても意識を高めたまま参加することができる。それは，休みの友達がいた場合，その役を咄嗟に代わってあげられる子のいることが多いことからも分かることである。

⑤ 工夫する

もっと本物らしくするために，実物に近づく努力をし始める。自分から気付くときもあれば，保育者に促されて気付くこともある。たとえば「キリンらしく寝るためにはどうすればいいのかな？」→調べる→「キリンは長い首をお尻の上に乗せて眠るらしい」→やってみる→人間にはなかなかむずかしいことだ，という発見をした子どももいた。「考えご

第2章 生活の中における子どもの表現

とをしながら歩くときはどうやって歩けばいいのかな？」→友達に見てもらう→「楽しそうではなく，下を向いてゆっくり歩くといい」と言われた→やってみる，ということをやっていた子どももいた。前後の流れが理解できると，その場にふさわしい動きを考えようとすることができるのだろう。保育者から言われてそのとおりにするのではなく，子ども自身が「これはどうだろう？」と思い，「どうすればいいか」と考えてみる。そしてそれを他人から評価してもらう。思考が働き，それが認められることが大切である。

　そして，本番。さすがに年長組になると「緊張する」という気持ちが表れてくる。保育者としては，本番の出来も大切だが，本番に至るまでのプロセスこそが重要である。本番だけを見る保護者には，それまでの子どもたちの葛藤の様子を，ことあるごとに紙面や口頭，画像等を使って伝えておくと，本番を肯定的に見るようになる。「出来不出来」を結果として判定するのではなく，様々な思いを乗り越えて本番を迎えている子どもたちを，見守る気持ちで見てほしい，というのが保育者の気持ちである。

　年長組の子どもたちにとって，この表現活動の行事はまさに1年の集大成である。ここに至るまでの成長過程において，年長組のこどもかいのねらいに挙がっているような成長を遂げていてほしいものである。

　自分の思いの表現の仕方，友達がもつ思い，考えに対する気付きや受け入れ，活動への参加意欲，適切な状況判断，的確な行動等については，突然できるようになるものではなく，これまでの経験の積み重ねであるところが大きい。ここに至るまでの3年間を大切に過ごし，日々を積み重ねていくことこそ，結果として成長につながるものだと思われる。

3 終わりに

　子どもたちが様々に成長しようとしている幼稚園・保育所という現場では，生活の中に自分を表現する場がたくさん用意してあることが大切である。そこで子どもが，どのように自己表現しようとしているかを保育者は目に留め，表現している場合は大いに認め，できない，あるいはしようとしている等，援助を欲しているときは，状況に合わせて救いの手を差し伸べる，そういう場を保障していかなければならない。

　そういうことの繰り返しにより，自己表現を思いきりできたことが，結果としてその子の成長につながる。そういう子どもの日々の成長をはぐくむ活動の一つが，表現活動なのである。子どものもつ，素直でたくましい表現力を最大限に引き出し，生かすことができるような環境を整え，全力でぶつかってくる子どもたちに全力で向き合い，共感し合うことができる保育者でありたいと思う。

第5節　日常における表現遊び4　－劇遊び－

　ごっこ遊びにストーリー性を加え，フィクションの世界を本気で遊ぶのが劇遊びである。

　劇遊びにおいて，保育者はときに登場人物のキャラクターを演ずる「表現者」であり，またストーリーテラーとして話を進行する「リーダー」であり，さらには場面を展開していく「ガイド」としての存在でなければならない。

　話の筋道はあるが，その場面に応じて子どもたちからのアイデアを募り，あくまでも活動の主体は子どもたちである。

　場面によっては，保育者も子どもたちも主役になることもあれば，脇役へと臨機応変にその役割が変わるのが，劇遊びのもう一つの特徴といえる。それが，「劇遊び」と，一人一役（あるいは複数役）を任せられ台詞を覚え発表する「劇」と大きく違う点である。

1 劇遊びのおもな活動の様子

　活動の主体となる子どもたちは，ストーリーに沿って集団で活動して

第2章 生活の中における子どもの表現

いく。子どもたちも個人差があり活発な子もいれば、おとなしく、また恥ずかしがる子どももいる。

そうした集団の中で一人ひとりが、安心してのびのびと表現できる環境であることが不可欠である。そのために導入として、周りの友達と活動を共にしつつ、失敗を恐れない環境をつくる。この環境づくりは日々の生活、遊びの中で培われていくものである。

そして、劇遊び進行中は、ときに一人のアイデアで全体が動いたり、一人ずつの動きや言葉を発したりする場面を設定することで、個人としての存在をクローズアップすることも大切である。子どもの思いやアイデアは、あらゆる形で表現されることがある。大きな声で意見を言う子どもだけでなく、つぶやきも大切にできる意識が大切である。

また活動中、ストーリーの中での問題場面（葛藤）に直面した際、子どもたち、保育者、共に問題を解決する方向を導き出し、みんなで解決した達成感を得る。

ストーリーには、場面に応じて簡単な台詞または擬音、ジブリッシュ（意味のないめちゃくちゃな言葉、感情は含んでいる表現）や歌、ダンス等も盛り込み、より楽しい活動になるよう工夫を凝らす。

子どもたちが劇遊びを体験することによって、フィクションの世界であるからこそ、豊かな発想、思いきった活動ができ、集団の活動で得られる喜びや楽しさを共感し合い、また集団の中でも個としての自立と自信を意識する機会となるように展開する。

以下に劇遊びのシナリオを示す。
・実際に保育者になった場合、どういった点に配慮すべきなのか
・参加している子どもたちの姿はどのようなものなのか
・さらなる工夫にはどのようなことが考えられるか
といった点を意識しながら読み進めてほしい。

事例　劇遊び「宇宙旅行」

七夕祭り等の行事に際し、笹に願いごとを書き留めること、織姫、彦星の話を紙芝居や人形劇にしてみることも、行事と日常保育を結びつける有効な方法である。それを、さらに宇宙へ視点を向けて劇遊びに発展させたものが劇遊び「宇宙旅行」である。

○目　的：フィクションの世界を十分楽しもう。
　　　　　ストーリーを理解し、お友達と楽しみを共有しよう。

みんなでお話をつくり上げる（楽しむ）ために，お互い工夫，
協力したり助け合うことを体得しよう。

○対　　象：5歳児
○場　　所：幼稚園，保育所のホールのスペースが望ましいが保育室も可。
○用意する物：長めのロープ，ウレタン積み木，太鼓，シンバル，ウッ
　　　　　　　ドブロック，マット，バルーン等。
○効果音：ロケット発射，デススター（悪者の星），地球へ帰還，その他
　　　　　各星に合わせて工夫してもよい。
※効果音は，あくまで子どもの活動が主体となるようにしたい。また，
　音に頼りすぎ（凝りすぎ）ては逆効果となる。ピアノだけの効果音で
　もよい。

▶ 導　入

　劇遊びが始まる前に，星座や，宇宙に関する図鑑等を見ながら，「宇
宙って知ってる？」「星見たことある？」「どんな星がある？」等の質問
をする。子どもたちに「太陽」「月」「流れ星」「火星」「惑星」「ロケット，
宇宙船」等，宇宙に関わるいろいろな事柄を発言させ，イメージを湧か
せる。

▶ 展開1

　図鑑の間に手紙が挟まっている（または，園に手紙が届く）。それは，何
やら薄汚れた手紙で，いろいろな文字が書かれている。

　「○○○○幼稚園のみなさん，助けてください。僕はライトスターと
いう星の王子です。

　最近，デススターという暗黒星雲からやって来た，とても恐ろしい星
が僕たちの星に近づいて来て，真っ暗闇の星にしてしまおうとしている
んだ。どうかお願い。僕たちの星に来て，明るく元気な歌を歌ってほし
い。みんなが力を合わせれば，きっと元の明るいライトスターに戻れる
はず。

　来る途中にはいくつかの星を
通って来なくてはいけないけど，
お友達と助け合って来てね。でも
もし，途中でデススターに会っ
ちゃったら，慌てず，みんなで力
を合わせてできるだけ元気な声で

第2章 生活の中における子どもの表現

笑うんだ。デススターは子どもたちの元気な笑い声が大嫌いなんだ。笑い声だよ。頼んだよみんな。待ってるから……」

▶ 展開2

子＝子どもたち
T ＝保育者・先生
デ＝デススター
王＝ライトスター王子
SE ＝効果音：Sound Effect の略
カゲアナ＝陰のアナウンス

T：みんな，どうする？　助けにいこうか？
　　（勇気をもって助けにいく雰囲気にする）
　　よし，では宇宙に行く準備をしなくちゃね。宇宙に行くには何が必要かな？
子：宇宙服。ヘルメット。酸素ボンベ。ロケット。スペースシャトル。
T：そうだね。ライトスターに行くまでいろいろな星を通っていかなくてはいけないんだけど，みんな大丈夫だよね。お友達と一緒だもんね。どんな星があるのか楽しみだね。
　　あ，そうだ。もしデススターが現れたらどうするんだったっけ？
子：笑う！
T：そう，大きな声で笑うんだよ。
　　次は，ロケットを用意しよう。これ！

　　（長いロープを出す。子どもたちからは「え～そんなんじゃ行けないよ。どうやって行くの？」等の声が上がる）
　　大丈夫。こうやって大きな一つの円にして。みんなこの中に入って！そして，肘でロープを抱えて。いいかな？　おっと，宇宙服着てなかったね。

（マイムでヘルメットをかぶったり，宇宙服を身に付ける）
T：シートベルトを締めて。準備ОＫ？
子：ＯＫ！
T：では，ロケット発射，秒読みに入ります。しっかりつかまってください。少し大きな音がしますがしばらくがまんしてください。
SE１：ロケット発射！！
　　　（宇宙音流れる中，最初の星に到着）

T：ここは？　ふわふわ星だ。みんなそ〜っと周りを見てきてみよう。
　　　（ゆっくりスローモーションで動くことを楽しむ）
　　何かふわふわしたもの見つかった？　見つけたら先生やお友達に見せてね。
　　　（辺りを散策。互いに見つけたものを見せ合ったり質問したりする。もちろん実際は見えない，イメージ〈想像〉の世界を楽しむことを大切にする）
　　そろそろ次の星に行こう。みんな集まって。カウントダウン５・４・３・２・１・でシュワッ！　だよ。行くよ。さんハイ！
子：５・４・３・２・１・シュワッ！
T：ここは？　ジャンプ星だ。動くときは「ジャンプ！」と言いながら全部ジャンプだよ。いいね。では行ってらっしゃい。
子：ジャンプ，ジャンプ，ジャンプ……。
T：そろそろ次の星に行こう。みんなジャンプで集まって。カウントダウンだよ。行くよ。さんハイ！
子：５・４・３・２・１・シュワッ！
　　　（「でこぼこ星」「ごろごろ星」「お菓子星」「積み木星」「海の星」等，いくつかクリエイティブ・ムーヴメント＝身体表現につながるような星を設定したり子どもの発案を取り入れてもよい）
SE２：緊張感のある音
　　　（するとそこに，おどろおどろしい音と共にデススターのカゲアナ＝先生の役。先生がサングラス等をかけて実際のデススターに扮して登場してもよい）

47

第2章 生活の中における子どもの表現

デ：だあれだぁ。いったいどこへ行くぅ。

子：ライトスター。

デ：ナニ？　ライトスターだとぉ。何をしに行くのだぁ。

子：デススターから守って，明るくする。

デ：何だとぉ？　ヌアハハハハ……！　わしがそのデススターじゃぁ！
　　おまえたちみんな真っ暗にしてやるわ！　ごぉぉおおわぁぁぁぁ！

T：わぁ！　みんな気を付けて。よし，光線銃でやっつけろ。プシュー！
　　ビビビビィー！

デ：ヌアハハハ……！　そんなものでわしを倒せると思っておるのかぁ。

T：どうしよう，みんな。どうするんだったっけ？

子：笑うんだよ。大きな声で。

T：そうか。そうだみんな，大きな声で笑え，笑えー。

子：ぎゃははは，わはははは，きゃははは！

デ：うわぁ！　やめろやめろ。何だこの楽しい笑い声は。身体の奥が熱
　　くなる。や，や，やめろ，やめてくれ〜！

　　（いったん音が小さくなりかけるが，再び大音響と共にデススターの声……）

デ：まだまだまだぁ！　ごぉわぁぁぁぁ！

子：ぎゃははは，わはははは，きゃははは！！

デ：うわぁぁぁぁ……。

SE 2：フェードアウト

T：やったぁ！　デススターをやっつけた！　よし！　ライトスターに
　　行こう。カウントダウン，いくよ。さんハイ！

子：5・4・3・2・1・シュワッ！

　　（薄暗い星に到着）

T：ここがライトスター？　なんか，暗〜い感じだね。早くしないと。
　　またデススターがやって来るといけない。
　　みんな，ライトスターが元どおりの明るい星になるようにするには
　　どうするんだっけ？

子：元気に歌を歌う。
子：何の歌がいい？
　　（子どもたち，元気に歌う。または，知っているダンス等があれば踊ってみてもよい）

T：素晴らしい歌だったね。明るくなってきたかどうか聞いてみようか。きっと何か合図をしてくれるよ。
　　（ストロボのフラッシュライトが光り，カゲアナでライトスターの王子の声。または先生が王子に扮して登場）
王：みんな，来てくれてありがとう。みんなの元気な歌声のおかげでライトスターは元どおりの明るさになってきたよ。本当にありがとう。
T：よかったね。でも，またデススターがやって来たらどうするの？
王：大丈夫。さっきみんなが歌ってくれた歌を元気に歌えばへっちゃらさ。
T：そうだね。とっても元気な歌だもんね。じゃ，そろそろ僕たちも地球に帰らないとね。さあ，みんな帰る準備をしよう。
王：ちょっと待って！　みんなが，安全に元気に帰ることができるようにしてあげたいんだ。先生，ワープ星を通っていってください。
この星は一人ひとり，飛んでいくんだ。お友達の名前をみ
んなで大きな声で呼んであげてね。でないと，落ちちゃうからね。みんな，頼むよ。
子：バイバ〜イ。さようなら。
SE 3：ワープ音
　　子どもの両脇を支えて飛び越す。
SE 3：フェードアウト

第2章 生活の中における子どもの表現

（静かな音楽流れる中……）
T：みんな，ライトスターを明るくしてくれて本当にありがとう。ひょっとして，今日の夜，天気がよくて星がきれいに見えたら，ライトスターが輝いて見えるかもね。
お・し・ま・い。

　シナリオは，絵本や昔話，童話を参考にして作成してもよいが，保育者主導で誰かに見せることが最初からの目的ではなく，あくまで子どもが主体であることが大切なことである。

2 劇遊びにおける配慮点等

　事例であるシナリオを実際に行うときの配慮点について，先に述べた課題に沿って改めて考えていく。

▶ どういった点に配慮すべきなのか

　安全面に対する配慮は当然のことであるが，領域「表現」の内容にあるような「自分のイメージを動きや言葉などで表現したり」ということができる環境となっているかどうかに配慮が必要である。
　シナリオには，子どもに問いかけをしている保育者の台詞が多く見られる。それは，子ども一人ひとりのイメージを動きや言葉等で表現できるように方向づけているのである。
　その際，保育者の思いどおりに子どもたちを動かすのではなく，子どもの意見に耳を傾け，また子どもたちの動きに気が付き，子どもたちの中で共有化できるように働きかけ，ストーリーを臨機応変に変更することで子ども主体の劇遊びとなっていくのである。しかし，子どもは豊かな表現をする一方，今までの経験は少ないので，表現が狭くなってしまうこともある。その際は，子どもの表現や創造性が豊かになるような，保育者からの配慮も必要となる。

▶ 参加している子どもたちの姿はどのようなものなのか

事例の中の子どもたちが写っている写真を参考にしてほしいが，積極的に意見を言う子どももあれば，動くことだけで満足する子どももいるだろう。また，興味をもてない子どももいる。積極的に意見を言う子どもだけが，表現が豊かな子どもというわけではない。つぶやきだけであっても，その内容は想像力豊かな意見であることも多い。決めつけることなく，また視野を広く子どもたちの姿を見ていく必要がある。

参加しているときだけではない。この経験が，その後の遊びの中に息づき，さらに広がっていくことで，子どもの学びは深まっていくことだろう。

また「楽しかった。またやりたい」という気持ちから，誰かに見せたいという思いになることがある。やらされるのではなく，自らしたいと思う子どもの気持ちを大切にするのも重要なことであるので，そういった環境づくりを考えていくのもよいであろう。

▶ さらなる工夫にはどのようなことが考えられるか

子どもたちは本来，なりきる，変身するといったことを好む。劇遊びの経験がそれらを刺激し，遊びとして広がる。そのためには，遊びの中で発展できるような環境構成が必要となってくるだろう。子どもがなりきることができる教材——カラービニール袋や不織布，スズランテープ，廃材，段ボール等様々な素材を用意し，子ども自身で遊びを広げられる環境づくりを心がけよう。

第2章 生活の中における子どもの表現

① 幼児の生活を豊かにするための環境とはどのようなものか。
② 「自然の流れの中で生活に変化や潤いを与え」ることのできる行事の計画案を作成しよう。
③ 砂場において見られる子どもの表現には，本章の事例のほかにどのようなものがあるか。

〈注〉
注1 『幼稚園真諦』は，1934（昭和9）年に『幼稚園保育法真諦』という名前で東洋図書より出版され，1953（昭和28）年，同書より「第4篇　誘導保育案の試み」を除き，倉橋惣三本人が加筆整理し，『幼稚園真諦』と改題し，フレーベル館から発行された。なお，引用は，2008年にフレーベル館から発行された「倉橋惣三文庫」からである。
注2　塩川寿平『名のない遊び』フレーベル館，2006年

引用文献

1　倉橋惣三『倉橋惣三文庫1　幼稚園真諦』フレーベル館，2008年，23頁
2　坂元彦太郎『倉橋惣三文庫9　倉橋惣三・その人と思想』フレーベル館，2008年，107頁
3　倉橋惣三，前掲書，26頁
4　倉橋惣三，前掲書，23頁
5　坂元彦太郎，前掲書，108頁
6　坂元彦太郎，前掲書，108頁
7　秋田喜代美「保育のおもむき」ひかりのくに，2010年，30頁
8　文部科学省「幼稚園教育要領解説」2018年，34頁
9　文部科学省「幼稚園教育要領」2008年，12頁

参考図書

◎　倉橋惣三『倉橋惣三文庫1　幼稚園真諦』フレーベル館，2008年
◎　森上史朗『倉橋惣三文庫8　子どもに生きた人・倉橋惣三の生涯と仕事（下）』フレーベル館，2008年
◎　坂元彦太郎『倉橋惣三文庫9　倉橋惣三・その人と思想』フレーベル館，2008年
◎　秋田喜代美『保育のおもむき』ひかりのくに，2010年
◎　秋田喜代美『保育のみらい』ひかりのくに，2011年
◎　塩川寿平『名のない遊び』フレーベル館，2006年

第3章 乳幼児期の音楽表現について

音楽は，心の奥深くにまで何かを届けてくれる不思議な力をもっている。たとえば人との別れに際し，別れの歌を歌うことによって，感情がこみ上げ涙があふれるというような体験をしたことはないだろうか。音楽表現の取り組みは，様々な体験をより深い体験へといざなうことができる。表現という行為の根底には，自己の解放と対他的な共生感覚を養う，まさに「生きる力」の源泉が詰まっている。書いて字のごとく，音楽は音を楽しむものである。

幼児教育や保育の場面での活動には目的があり，その目的を達成するための手段の一つとして明確にされなくてはならない。この章では，音楽のもつ様々な効果を明らかにすることで，幼稚園や保育所の現場で音楽による表現をどのように扱うべきかを述べる。

第1節 音楽表現のねらいと立場

　幼児教育及び保育における音楽表現は，単一の領域として独立して検討することはできない。なぜなら幼稚園教育要領の第2章「ねらい及び内容」で示されているとおり，幼児期に体験するすべての生活を「生きる力」の基礎となるものとして包括的にとらえる必要があるからである。

　特に幼稚園や保育所において，保育者がねらいをもって，子どもと関わるとき，その目的には子どもの生活すべてに向けられる視点が必要なのである。

　たとえば，子どもが歌で喜びを表現するとき，子どもにとって表現の手段は，当然のことながら「歌唱」や「身体」による表現というような領域を意識したものではない。笑顔で跳び跳ねながら，両手を振って元気に歌う姿は，衝動から起こる内在する主体的なエネルギーの表出であり，本来極めて主観的な態度なのである。

　つまり，音楽表現というカテゴリーで考察するということは，主観的な営みを客観的にとらえて分析している，という立場をあくまでも忘れてはならないのである。子どもの主観性はあらゆる生活体験に裏づけされており，それを客観的に分析するためには生活全般を包括的に考察し

第3章 乳幼児期の音楽表現について

ていく必要がある。したがって，音楽表現のもつ特質がどのように幼児教育及び保育の様々な領域と関連づけられるのかを，互いの相互作用を認めた上で，統合的にとらえていくことが大切なのである。

また，乳幼児期は心身の著しい成長を伴う時期であり，その発達段階を正しく理解することは，生涯にわたる感覚的な発達に大きな影響を与えるものとして，ひじょうに重要な意味をもつこととなる。感性という極めて感覚的な領域は，乳幼児期の様々な体験によって大きく左右される。したがって，音楽表現のねらいと立場を考えるとき，音楽の本質的な特徴を正しく理解し，子どもの心身の成長にどのように影響するのかを専門的に考察する立場を忘れてはならない。

第2節 教育環境から見た音楽表現

音楽は気持ちを発奮させることも，落ち着かせることもできる。つまり，集団生活を行う上で，音楽は子どもの気持ちをコントロールする手段としても有効である。

また，朝の会，ごはんの前，帰りの会等，幼児期にふさわしい生活を音楽によって習慣化することも，子どもが安定した情緒で過ごすために重要なポイントなのである。つまり，習慣的に取り組む音楽活動は，子どもの音楽的環境をつくることであり，保育者は子どもが安心して生活を送るための環境づくりに努めなくてはならない。

子どもに対して音楽活動を促すときは，保育者の指示や約束事に安心して応えることができる信頼関係の構築がひじょうに重要な意味をもつ。つまり，子どもを取り巻く環境は単に設備や物質的な空間だけでなく，人と人との関わり合いから生まれる人間関係も重要な教育環境なのである。

音楽表現は同じ教材で同じ目的のために取り組んでも，先にも述べたとおり極めて主観的な営みであり，一斉活動でも個々に目を向け，随伴的に展開しなくてはなら

ない。たとえば「ぞうさん」を歌ったとき，象を見たことのある子どもと見たことのない子どもでは，イメージや表現に差異が生じるのは当然のことである。また，音楽の表現力にも個人差がある。

　しかし，重要なのは，この幼児期の音楽表現を画一的に技術的な尺度で見るのではなく，豊かな感性や情操の陶冶(とうや)に働きかけるものとして展開するべきということである。したがって，保育者は個人差を埋める働きかけよりも，個々がよりよく音楽に反応できるように配慮するべきである。むしろ子どもが自由な発想で創造的に活動に取り組んでいるのであれば，個性による違いを尊重し，より豊かなものへと導くべきである。つまり，子どもがのびのびと豊かに表現できる人間関係を構築することが，子どもにとって必要な教育環境なのである。

　また音楽的な設備として環境を見た場合，特にピアノ等の伴奏楽器には配慮が必要である。保育室にグランドピアノが用意されていることはめったにない。ほとんどの場合，アップライトピアノか電子ピアノまたはキーボードである。ただアップライトピアノは壁に向かって設置されることが通例であり，保育者は子どもに背を向けて演奏することになる。しかし音楽表現に限らず，子どもの表情を見て指導することが重要であり，伴奏の弾き方や指示の出し方には十分な配慮が必要になる。

　その点，電子ピアノは子どもに向けた設置も可能であり，子どもたちの表情を十分にとらえながら伴奏や指示ができるメリットもある。アナログ楽器の生の音のよさも認めた上で，それぞれのメリット・デメリットを了解して扱うことが重要である。また，1歳から6歳までは最も聴覚器官が発達する年齢であり，音感が発達するのもこの時期が臨界期とされている。つまり，この時期の子どもは耳から得た情報にとても敏感に反応しており，調律の不正確なピアノの音を習慣的に聞かせていると不正確な音感がついてしまうといっても過言ではない。豊かな音楽体験をさせると同時に正しい音・きれいな音に対する環境の整備にも配慮しなくてはならないのである。

第3節　教育課程における音楽表現

　教育課程を構築する上で重要なのは，子どもの生活経験や発達段階を十分に考慮することである。特に2歳から5歳は聴覚だけにとどまらず，

第3章 乳幼児期の音楽表現について

　心身が共に著しく発達する時期であり，音楽表現はこのすべての発達に影響を与える可能性を含んでいる。

　なかでも自我の芽生えや他者の存在の意識，自己抑制力は音楽の取り組みに大きく関わっている。たとえば，自己完結していた表現活動も，集団での取り組みに変わるときには，セルフコントロールができなければならない。裏を返せば，そういった自律に対する発育にも，音楽は働きかけることができるのである。「友達の歌を聞く」「一緒に歌い始めて，みんなに合わせて歌う」等というように，他者との関わりを音楽活動によって体得することができる。何より自己を抑制することを，音楽表現によって喜びの中から感じ取ることができる。多人数で一つのことに取り組むという体験を音楽活動は可能にするのである。

　また様々な行事がある幼稚園や保育所にとって，音楽表現は大きくそこに関わる。音楽によってその教育的効果が深まる場面は少なくない。音楽には体験を深める要素が内在しており，その取り組みによって子どもはその体験をより印象深いものにすることができるのである。また，行事に限らず，自然や家族，友達との関わりをテーマにした教材は数多くあり，それらに対しては，単に表現力を養うだけでなく，様々な事象との関わり合いの中で生きているという，共生の感覚を養うために取り組みたい。桜の歌なら桜の木の下で歌うからこそ，きれいだと感じる感性を助長し，そうした表現活動が音楽的にも本質をとらえているといえる。

　音楽表現は音を扱うため，個々に自由に取り組ませることがむずかしい。その際は，子どもの自己抑制が働く時間内で展開されるべきである。子どもの集中力は年齢や個人差があるため，主体的に取り組める時間は，個々に目を配り適宜判断する必要がある。

第4節　5領域と音楽表現の関わり

1　健　康

　今も昔も子どもは音楽に合わせて身体を動かすことが大好きである。昨今の脳科学において着目されている神経伝達物質の「セロトニン」(生体リズム・神経内分泌・睡眠・体温調節等に関与する生理活性アミン，インドールアミンの一種)の分泌には，リズム運動が大きな効果を発揮することが分かってきている。この「セロトニン」は，健全な精神を維持するために重要な役割を果たしていることが認められている。

　子どもたちは振り付けを一度記憶すれば前奏が鳴っただけで反応するものである。発達段階を考慮した上で無理のない身体運動を用意すると同時に，全身をのびのびと表現できる活動を心がけたい。しかし，何よりも音楽や振り付け自体に魅力を感じ，子どもたちが進んで主体的に取り組める教材の選択や習慣化が重要である。

　比較的テンポの速い教材は，はつらつとした高揚感を促す効果があり，年齢を問わず取り組める。しかし，発達段階に応じてゆったりとした音楽に合わせて身体表現をするには，より高度なセルフコントロールの能力が必要になる。「音楽に合わせる」という行為自体が対他的な意識を必要とし，楽しみながら豊かな表現力を培うことができる。

　また歌唱教材への取り組みも，子どもにとっては身体の表現活動と区別されるべきではなく，歌いながら，じっとしていること自体が不自然な場合もある。むしろ直立不動で歌う場面のほうが少ないのではないだろうか。音楽の躍動，抑揚，アゴーギグ(速さやリズムにわずかな変化をつけて表情を豊かにする方法)等を歌唱で表現する感性は，身体表現で求められる感覚に極めて近い。身体運動を伴うことで歌唱表現が豊かになり，子どもがいきいきするのであれば積極的にすすめたい。いずれにしても音楽を全身で感じ，のびのびと表現することが音楽的な感性を体得させる重要な鍵となる。

第3章 乳幼児期の音楽表現について

2 人間関係

　幼児の人間関係に対する意識はまず，他者の存在に気付き，相手を尊重する態度を養うことから始まる。音楽表現は本質そのものが協調し合うことにあり，保育者の伴奏をよく聴き歌うことや，友達と声を合わせて歌ったり合奏したりすることで自律を促すことができる。
　様々な楽器を利用して合奏等をする場合，個々に役割を示し，他者と協力し合いながら一つの曲を演奏する充実感を得ることができる。信頼関係の構築や協力したことによる成功体験は，健全な人間関係に対する意識を養うことにつながるのである。その場合，やたらに自分に与えられた楽器を鳴らすのではなく，出番を待ったり，他者の演奏をしっかりと聴いたり，保育者の合図を見るというようなことを意識させることが協調性の感発に結びつくのである。
　また，誕生日に「ハッピーバースデー」を歌ったり，母の日に「お母さんの歌」を歌ったりというような，友達や家族等を題材にした教材への取り組みで音楽に深く心を寄せることによって，より強く人との関わりを意識させることも，幼児教育において音楽表現の果たす大きな役割である。
　だからこそ，選曲は健全なテーマで，自然に心を寄せて歌えるような教材を選ばなくてはならない。また同じテーマに大勢で取り組むことで，無意識のうちに他者との共感を得たり，その共感性を互いに意識することで，改めて他者と共に生活をしているという意識が芽生えるのである。音楽は双方向のコミュニケーションでありながら互いに対立関係にあるのではなく，共に手を取り合い同じ方向へ向かう，極めて協調的なコミュニケーションである。

3 環　境

　幼児の歌には様々な自然を扱った教材が多く存在する。先述したとおり，音楽は様々な生活体験をより深いものにする効果がある。花の歌は花を見ながら歌うことにより，花に対する愛着や感性が一層豊かになる。

　春には春の歌，朝には朝の歌，様々な音楽を通して，様々な事象との関わりの中で生きているのだという感覚を子どもたちの中に育てていきたい。音楽はその一つ一つの出来事を丁寧に味わう有効な教材である。さらに，歌詞の内容やメロディーの抑揚によって，自然や環境に対して単に愛着をもたせるだけでなく，自然の大きさや神秘，一つ一つの命の尊さにも気付かせることができる。大切なことは，子どもたちに寄り添った随伴的なカリキュラム展開である。雪が降ってきたら子どもはそれだけで興奮するのである。目の前にいる子どもの状況と環境によって，取り組みは柔軟に展開されるべきである。なぜなら，音楽を通した表現は子どもにとって「生きた取り組み」であり，リアリティーのある活動こそが，最も深く記憶に残る体験となるからである。

4 言　葉

　言葉の発育はまさにコミュニケーション能力の感発であり，表現である。自分が感じたことを豊かに表現するためには，ボキャブラリーの豊かさだけでなく，言葉を選び，つなぎ合わせ，話したり書いたりすることによって，相手に伝えるという統合力を支える感性が必要となる。

　歌は言葉で直接的に感性に訴えかける力があり，子どもたちの身近にある言語モデルである。したがって，歌の歌詞においては，子どもの目線で自然に表現され，かつ純美で美しいものに触れさせたい。

　「赤い鳥」運動（鈴木三重吉らによる，子どもの純粋な情操をはぐくむための童話・童謡を創作し広めようとする「童心主義」の運動）によって生み出された童謡は，抑揚と言葉の関係において言文一致が試みられたり，子どもの純真性を基盤に創作された詩であり，子どもらしさの中にも日本語の美しさをあわせもっているため，すすめたい教材である。

　またコミュニケーション能力の感発という観点から考えると，音楽表現は自己の表現を他者に伝えるという外発的な営みであり，大きな声で自信をもって歌を歌えるようになることは，他者とのコミュニケーションを躊躇なく積極的に行えるようになるための手立てとして効果を発揮

第3章 乳幼児期の音楽表現について

する。そして自己表現だけでなく，他者の表現を聞いたり，それに合わせたりすることは，言語の発育で目指す「互いに伝え合う喜びを味わう」ことにつながるコミュニケーション能力を養うのである。

5 表 現

　音楽による表現で十分に配慮しなくてはならないことは，単に表現の技術を育てることだけが目的ではないということである。まずは音楽を愛好する態度や習慣をはぐくむために，楽しい音楽体験をたくさん経験させることが重要である。こうした極めて能動的な取り組みを積み重ねる中で，衝動的な活動が「表現」というこだわりをもった営みに展開できるように導きたい。

　幼稚園教育要領の「表現」の領域に示されている「豊かな感性」や「創造性を豊かにする」というねらいを達成するためには，様々な事象に感動したり，豊かにイメージしたりする，表現に結びつくための関心や意欲をはぐくむことがひじょうに重要である。なぜなら，先述したとおり，表現とはそもそも内在するエネルギーの放出であり，そのエネルギー自体がなければ，その表現は極めて受動的なものか衝動的な活動にとどまってしまう。つまり一つ一つの生活体験の中で様々な事象に目を向け，それぞれに関心をもつことや，豊かに感じる心が表現の豊かさにつながるのである。

　その上で音楽の表現方法を学ぶことが大切であり，その際にも表現方法を豊かにすることによって，音楽の喜びをより豊かに感じられるように配慮しなくてはならない。つまり，技術を習得することだけに偏った，訓練的なものにならないようにすることがひじょうに重要である。特に歌唱表現においては，子どもの声域を十分に考慮する必要がある。なぜなら幼児期の声域はひじょうに狭く，教材によっては正確な音程で歌うことが困難な場合もある。無理なくのびのびと歌える教材を選択することも大切だが，何よりもいきいきとした子どもの表現活動を優先し，音楽の楽しさを十分に味わい，精一杯表現する態度を養うことが重要なのである。

　幼児教育における音楽表現では，歌唱のほかにも様々な活動が考えられる。なかでも比較的演奏が簡単な打楽器（カスタネット・タンバリン・トライアングル・鈴等）は大いに活用できる。様々な楽器の奏法について保育者が正しく理解していると，より豊かによい音で演奏できるように導

くことができる。決して訓練的ではなく，よい音を鳴らすためには方法があるということを意識させることと，「よい音」という音そのものに着目させることが大切である。

第5節 音楽表現の実際1 －わらべうた－

1 生活の中にある「わらべうた」（S幼稚園の実践事例）

　実践事例の園の正門を入りすぐ右手に，年中長組の部屋へ続く階段がある。その階段の周りには，踊り場があり，子どもたちの格好の遊び場所になっている。年中組の数人がコマを回していたり，年長組の女の子が狭い場所を上手に使い，鬼ごっこをしたりしている。
　直径20センチメートルほどのゴム製のボールを弾ませる「まりつき遊び」も，その場所でよく行われている。ボールを「つく」という行為は，腕や手首を使いボールをコントロールするわけだから，最初はなかなかうまくいかない。それでも，何度も挑戦し上手になり，上手につけるようになってくると，今度は歌いながらつくようになる。

事例1 まりつき遊び

　「あんたがたどこさ　ひごさ　ひごどこさ　くまもとさ～」と，誰もが聴いたことがあるような歌を歌いながら，その歌のリズムに合わせて，上手にボールをついていく子どもたち。年長組になると，この歌を歌いながら上手にボールをつける子が増えてくる。
　年長児のA子とB子も登園すると，「外に行ってきまーす！」とボー

第3章 乳幼児期の音楽表現について

ルを片手にいつもの踊り場に向かっていく。A子のほうはわりと早いうちから，歌に合わせて最後までボールをつくことができていた。B子は，両手でついていたのが，最近片手でできるようになり，「先生，見てて」と得意気に見せてくれるようになった。

　できるようになってくると，歌の途中の「さ」の部分で，ボールが地面をついたと同時に自分の片足を上げ，くぐらせていく。

　A子は，1，2回はできても，最後までとなるとむずかしい。この歌は，わらべうたとしては長く，最後まで歌いきるうちに，11回，歌に合わせて足を上げて，ボールをくぐらせなければならない。そして，最後の「ちょいと　かぶせ」の部分では両手でキャッチして終わる。

　2学期になり，夏の暑さもようやく和らいだ頃，年長児のA子とB子が「先生，ちょっと来て！」と踊り場で呼んでいる。「あんたがたどこさ〜」と歌いながら，A子がボールをつき始めた。1学期は，足を上げるので精一杯だったのに，あれから何十回も遊んでいたのだろう。ボールをつくのも，足を上げるのもなめらかになっている。歌に合わせて見事に11回足を上げて，ボールをくぐらせることができ，最後の部分「♪ちょいと　かぶせ」では，シャツの中にボールをしまうこともできるようになった。

　「すごいねー！　いつの間にできるようになってたの？」と驚いている筆者の隣で，すぐにB子が「私のも見てて」と同じように「♪あんたがたどこさ」を始める。1学期にはボールのつき方がたどたどしかったB子も見事に歌に合わせてやって見せてくれた。

図3-1　木村はるみ・蔵田友子『うたおうあそぼうわらべうた』より抜粋

　ボールを単純につくだけなら、ここまで長い期間、遊べなかったかもしれない。歌があることで、リズムに合わせてボールをついたり、足を上げたりと、この遊びがより楽しくなっている。A子とB子が1学期間ずっと遊んでいたのも、きっとこのまりつきが楽しかったからに違いない。

　満足して遊んだ後、クラスや学年によって時間は異なるが、およそ10時30分から11時くらいになると、子どもたちが入室する。保育者が計画する活動の前に行う「お休み調べ」をするためだ。

　どこからか「♪きりん組さん　おやすみしらべ〜」と節をつけて、外にいる自分のクラスの仲間を呼ぶ声が聞こえてくる。一緒に言う（歌う）のが楽しくなり、ときには10人くらいでの大合唱になるときもある。

　言葉に節をつける。遊びに入るとき「♪い〜れ〜て〜」等、子どものときに誰もが、言葉に節をつけた経験があるのではないだろうか。じゃんけん等もその一例だろう。東京のじゃんけんは、「じゃんけんほい！」とあまり節をつけない。筆者が幼少期に過ごした三重県では、「♪じゃーんけーんで、ほ〜い！」と、かなりゆっくりしたテンポのじゃんけんだった。母親が「三重県のじゃんけんは、のんびりすぎて力が抜けそう」と

第3章 乳幼児期の音楽表現について

言っていたのを覚えている。

2 遊び継がれる・歌い継がれる

　事例1で挙げた，まりつき遊びにしても，「お休み調べ」にしても，じゃんけんにしても，そのどれもが大人や保育者が教えたものではない。保育者が「お休み調べのときは，みんなでこう言おうね」と伝えたものではない。上の学年がやっていることを自分たちもやってみようと思い，取り入れたのである。遊びでも生活の中のことでも，下の学年の子どもたちにとって，一つでも上の学年は憧れで格好いいものである。「お休み調べ」での呼び方は，比較的簡単にまねはできるが，まりつき遊び等は，格好いいからといってすぐにできるわけではない。「こうやって遊んでいたな」，または「あのお姉さんみたいに歌いながらやってみたい！」と，子どもながらに思い，すぐにはできなくても挑戦していこうとする。
　幼稚園という小さなコミュニティーでは，その幼稚園の文化として，子どもたち同士で遊びや生活の仕方が受け継がれている。
　わらべうたは漢字にすると，「童歌」である。つまり，子どもの歌なのだ。大人がつくった歌もあるが，子どもがつくったり，その都市や地域で歌い継がれてきたものがわらべうたなのである。大人が「教え継ぐ」のではなく，子どもが「歌い継ぐ」ことが，わらべうたの大きな特徴であり，また魅力であろう。

3 S幼稚園でのわらべうたの実際

　S幼稚園では，日本の文化の中で伝承されてきたわらべうたをとても大切にしている。
　わらべうたは，遊びが伴う。遊びがあることで，より楽しく取り組むことができ，主体的に参加して歌うことができる。また，半音がなく，音域が狭い等，子どもが美しく歌うための条件も揃っているのが，わらべうたである。
　たとえば，「どんどんばし」というわらべうたでは，全員で大きな輪になり反時計回りに歩いていく。二人の門をつくる役が，歌が終わったと同時に門を閉じる。閉じられた門の前と後ろにいた子どもが，次の門の役になるので，素早く門を交代する。この遊びを，最初は保育者も門役になり子どもが分かりやすいようにリードしていくが，慣れてくると

自分で門役に素早く交代することができる。素早く交代できることで，歌が途切れなくなっていく。

図3-2　木村はるみ・蔵田友子『うたおうあそぼうわらべうた』より抜粋

わらべうたのすべての歌に遊びがあり，年長組になればルールは高度になっていく。役を交代したり，歌の鼓動（歌のテンポの意）に合わせて歩いたり，歌を途切れさせないで歌ったりと，遊びの中にもたくさんの音楽的要素が含まれている。

歌うだけではないし，遊ぶだけでもない。ねらいは学年によっても異なるが，年長組を例に出すと，鼓動／リズム，早遅，大小，高低，清潔，内的聴感，音色の区別と，7つのねらいがある。その活動ごとに，一つのねらいを定めながら活動を計画していくことになる。

事例2　年長組でのわらべうたの実際

・クラスやグループごとに呼ばれた子どもが，保育者と同じ音量で返事に節をつけて返す（例 ○○組さん，○○グループさん）。
・短い歌を保育者と同じ音量で歌い返す（♪なべなべ，♪たんぽぽ）。
・保育者が歌った音量とは，反対の音量で歌い返す（どんどんばし）。
・「ゆうなのきのしたで」を保育者が最後に子どもたちに歌って聴かせる。大小の音量を変えながら歌っていく。

返事等の短いフレーズでは，音量のコントロールができる子が多かった。歌になると，数人の男児が大きな声を出すことが楽しくなってしまい，つられる子もいた。前回は，小さい声になると極端に小さくなり，

第3章 乳幼児期の音楽表現について

低音を出してしまう子もいたが，少しずつ慣れてきたようだ。反対の音量で歌う部分では，「むずかしいことをやってみようかな」の保育者の言葉に「できるよ！」「やりたい！」と期待しながら取り組んでいた。

4 生活の中のわらべうた

　わらべうたを活動として計画していくと，生活の中にもわらべうたが表れてくる。冒頭の事例でも紹介したが，そのほかにも鬼ごっこの鬼を決めるときに，活動で歌った鬼決め歌のわらべうたを子どもたち自身で歌っていた。筆者が担当した年長組のクラスでは，コマをみんなで一斉に投げる際のかけ声として，そのときにはやっていたわらべうたを歌ってから投げる姿もあった。

　活動で覚えたわらべうたで遊ぶ子もいるし，保育者が歌うむずかしい歌を口ずさむ子もいる。わらべうたサークルの母親たちが年に数回披露する「わらべうたコンサート」の翌日には，コンサートごっこが開かれたりもする。

事例3　お別れ会でわらべうたを披露

　卒園も間近に控えた年長組の2月。年中組にチャボの飼育当番の引き継ぎを終え，「これから幼稚園の仕事をよろしくね」の意味を込めたお別れ会を開くことになった。その会で何をするかクラスで相談し，いろいろな意見が出てきたが，遊びと得意なものを披露することとなった。

　遊びは，年中組も分かる「ドロケイ」。得意なものの披露はコマ，劇，わらべうたの3つである。

　当時はコマと劇がはやっていたので，ほとんどの子どもがこの二つを希望したが，わらべうたはT子が「どうしてもやりたい！」と言うので，この3つになった。T子以外にもY子とA男がわらべうたに参加する。

　まず3人が向かったのは工作コーナー。マイクをつくっていた。しかも，テレビの歌番組で見たのだろう，耳にかけるタイプのインカムマイクである。

　マイクが完成すると，次は歌の候補を3人で相談する。「年中さんが分かる歌にしない？」「いいねえ。じゃあ，こんこんちきとかかな？」「どんどんばしは？」と，年中組のことを考えて選曲していた。相談して決まった歌は4曲。歌う順番を紙に書いていく。

　本番当日。ホールに年中組を招待する。わらべうたのグループは，約

60人のお客さんを前に少々緊張している様子。「せーの」のT子の合図でわらべうたが始まった。4曲を歌いきると，お客さんからは大きな拍手。戻ってくると，「あー，緊張したー」と安堵の表情を浮かべる3人。「でも，楽しかったね」とY子。自分たちですべてを計画し，用意した3人は満足げだった。

　自分たちで進めていくということは，子どもたちにとっては何より楽しいことだ。今までの積み重ねから，年長組の後半になると，できることが増え，保育者の助けなしに自分たちで進めていくことができる。アイドルのようなインカムマイクをつくり，なりきることも楽しかったに違いない。ホールでは，歌わされているのではなく，自ら楽しんで歌っている3人の姿があった。

第6節　音楽表現の実際2　－乳児の表現－

　乳児期の音楽表現では，歌を歌うことや，楽器に触れること，リズムに乗ること等，活動そのものよりも，むしろ身近な「音」との関わりから，音に気付いたり，感じたりすることを，豊かにしていく過程が重要である。

　日々の生活の中で，様々な音に気付き，耳を傾ける経験が豊かになれば，自分なりに感じたことを表現する仕方も，より豊かになる。

　本節では，保育園の生活の中から，1，2歳児クラスで見られた「音への気付き」から遊びに展開した事例，生活の中でふいに発生した歌をきっかけに，「歌う心地よさ」を感じている事例を通し，乳児期における，音楽的な表現の芽生えと保育者の関わりについて考察する。

事例4　嵐の日に

　ある嵐の日，2歳児クラスのN男がじっと窓のほうを見つめていた。「すごい雨だね」と私が話しかけると，「ピシッ！　ピシッ！　って，鳴ってるよ」とN男。窓に雨が打ちつけ，音を立てていたことに注目していた様子だった。

　そのまましばらくN男は雨を眺め続けた。ときおり突風が吹き，窓が鳴るたび，「あ！　またピシピシっていった！」と，こちらを振り返り，聞こえた音を確かめながら，窓の外をじっと見ていた。

第3章 乳幼児期の音楽表現について

　そして，ゴーッと大きな音を立て，それまでよりも大きな雨粒の音が鳴ると，「ワァー！　うるさい！」と笑いながら大きく反応していた。
　「ピシピシって鳴っていた？」と聞くと，「ううん，ビタン！　ビタン！てなってた」「ウアー！っていってたの！」。
　N男は，雨粒の音だけでなく，風の音にも注目し始めたようだった。「本当だね。ピシピシとか，ウアーっていろんな音が聞こえるね」と私が言うと，「そうなの！　いろんな音が聞こえるよ！」と，嬉しそうに答えた。
　そのやりとりを見ていた他の子も，何事かと興味をもってN男と同じように，窓の外を眺め始める。そして突風の音が鳴るたび，「ウアーっていった！」と大喜びで，みんなで「ウウ，ワアー！」と風の音をまねして口に出してみたり，手足を広げて倒れてみたりと，雨粒と風の音に気付いたことがきっかけとなり，そのまま遊びに展開していった。

　それから数日後，また雨天。その日は風もなく，静かに雨が降っていた。室内で遊んでいたのだが，N男は，また窓の外を眺めていた。
　すると，N男が「先生，今日はウアーっていってないね」と嵐の日を思い出して，残念そうにつぶやいた。「何か聞こえる？」と尋ねると，「聞こえない」というので，窓を開けてみた。網戸越しにではあるが，音も風もかすかに感じられたのか「あ，雨の音が聞こえるよ！」と，改めて耳を澄まし始めた。
　「どんな音がする？」と聞くと，「シャーっていってる」。
　前とは違う，静かな音に気付いた姿を見て，本児の興味が高まっているのを感じたので，もっと近くで音を聞きたいだろうと思い，外に出ることを提案した。
　周りにいた子も，「わたしも！」と同調し，窓の外のテラスへ，数人で出ることになった。すると，窓越しにはかすかに聞こえていた音が，より鮮明に聞こえ，さらに，雨の音だけでなく，様々な音が鳴っていることに気付いた。
「ピタ　パタ」雨粒が屋根にあたる音。
「ポチャン」雨粒が葉っぱからたれる音。
「シャーァーン！」近くの道路で，車が水たまりをはねる音。
　自分の探した音を「ほら，聞いてみて」と，筆者に聞かせては，得意げな表情を浮かべる。
　どうしてその音が鳴っているのか，あまり気にせず，自分の耳に聞こえた音を，口に出して再現することを，繰り返し楽しんでいた。

68

▶ 考 察

　「雨の音に気付く」ということは，生活の中で，実体験を通して学んでいくことである。意識をしなければ，気付かないことかもしれないが，興味をもったとたん，たちまちおもしろく感じるものだ。今回の事例では，ある日，雨の音を意識し始めた，N男の気付きをきっかけに展開していった。

　領域「表現」のねらいに「いろいろなものの美しさなどに対する豊かな感性をもつ」とある。N男は，雨の降るさま，風や雨の音に対し，本児なりに美しさを感じた。だからこそ興味をもち，見つめ続け，耳を澄まし，様々な発見があった。日々の生活の中で，こうした発見や体験を積み重ねることが，豊かな感性につながるとすれば，子どもの小さな気付きを，いかに大切にしていくかが保育者の重要な役割となる。

　今回の事例に際して，保育者が意図したことは，「共感」だった。子どもたちは，自分で発見したことに喜んでいるとき，おもしろがっているとき，たびたび保育者のほうを振り向いていた。自分と同じことに保育者も注目し，同じようにおもしろがっていると感じた子どもたちは，それまでよりも積極的に目を凝らし，耳を澄ませた。そして，さらに新しい気付き，発見につながった。

　子どもにとって，特に乳児は，自分の行動を見守られている安心感が，探索活動の意欲を高める原動力になる。保育者は，様々な未知の体験を，子どもがどのように感じているかと想像しながら，様子を見守ったり，求めに応じて「すごいね」等と共感する。こうした関係が繰り返される中で，自分の発見がより魅力あるものと感じられれば，子どもたちは，より安心して探索し，豊かな経験と感性をはぐくむことができる。

第3章 乳幼児期の音楽表現について

　事例では，子どもたちは，自分で聞いた雨や風の音を「ウアー」や「シャー」と言葉に出して表し，領域「表現」のねらいにある「感じたことや考えたことを自分なりに表現して楽しむ」という展開を見せた。子どもの感性は，大人がイメージする音（雨＝ザアザア等）の世界を凌駕（りょうが）するおもしろさを備えていることを感じる。子どもの言葉に耳を傾け，その子どもなりの表現のおもしろさに共感できたからこそ，展開が見られた事例であった。

事例5「も～すぐ　ご～はんが　で～きますよ～」
　おままごとの大好きな1歳児クラスのR子。お気に入りのキッチン台で，毎日のように料理をつくることに没頭している。まだ，周りの子も，R子も，やりとりを上手にできる段階にはないため，鍋やボウルの中で，食べ物に見立てたおもちゃをかき混ぜたり，皿の上に盛り付けたり，とにかくつくることを楽しむという様子が主だった。
　ある日，いつもと同じようにキッチンでR子が遊んでいるとき，
「も～すぐ　ご～はんが　で～きますよ～」
と，歌うような声が聴こえてきた。
　静かな声で，耳を澄ませて，やっと聴き取れるようなかすかな声だが，R子が歌っていた。
　ふだん，周りの音が大きくて聞こえにくかったのだが，次の日も，彼女は歌いながら料理をつくっていた。その歌は，特に流行している歌でも，わらべうたでも，手遊び等で触れたことのあるメロディーでもないように思えた。R子自身が，言葉にメロディーをつけて，鼻歌のようにつぶやいているのだ。些細（ささい）な場面ではあったが，筆者は，本児の愛らしい歌にひかれ，注目するようになった。

　また次の日も，
「も～すぐ　ご～はんが　で～きますよ～」
とR子が鼻歌を歌っているのを聴いた筆者は，そのメロディーに似せるように，
「た～べても　い～い　ですか～」
と歌ってみた。すると，R子はニコッとこちらを向いてから
「い～い　ですよ～」
やはりメロディーをつけて返す。そこから，「はぁい　ど～ぞぉ」と歌うようにR子が料理をもってくる。「い～ただ～きま～す」と私が食べ

るまねをする。というやりとりを，何度も繰り返し，楽しむようになった。

　その時間は，何だか心地よく感じられた。私だけでなく，本児もそう感じていたのか，次の日も，また次の日も，私とのそうしたやりとりを求めるようになった。

▶ 考 察

　R子が歌う様子，遊ぶ様子を見ていると，いたって穏やかである。自分の好きな遊びに没頭することを通して，居心地のよさを感じ，安心しているからこそ，機嫌よく，鼻歌のようなメロディーのついた言葉が口をついて出ている。

　保育者とのやりとりの中では，安心感から，歌うようなやりとりが見られるが，実は，他の友達が隣に来ると，歌うようなやりとりがあまり見られない。おもちゃをとられないかと心配なのか，その鼻歌のやりとりを受け入れてくれないと感じているのか，そうした余裕も生まれないのだろう。

　ただ，歌うときには，本児が自分なりに安心できる環境にいると感じることが，重要であることが分かった。1歳児にとっては，自分が安心できる環境，好きな遊びがあるということが，養護の点から見ても必要な要素なので，本児がそうした場所，遊びを見つけることができたことはたいへん喜ばしいことだ。

▶ まとめ

　事例を振り返ると，実際には，表現という領域にとどまらず，環境や言葉，養護，人間関係等，各領域が密接に関わったいることが感じられると思う。日常生活自体，どれも切り離すことのできないものであるから当然だが，領域「表現」のねらい，内容ともに「生活の中で」という言葉が強調されているように，豊かな表現は，豊かな日常生活が基礎となるということである。

　乳児期に，様々なものに触れ，見たり，聞いたり，感じたり，探索活動が十分にできることが，表現の領域においても，いかに大切かということを示していると思う。探索活動を活発にできると，自分が見たこと，聞いたこと，感じたことを，周りの大人に「ほら，みて」「ほら，これ」「あ」と，指を指し，声を出し，反応を求める。その反応を確かめながら，次なる好奇心に沿って子どもは世界を広げていく。

　その中で保育者は，子どもの発見や表現を，どのように受け止め，そ

乳幼児期の音楽表現について

れらに共感していけるか。目で見ることはもちろん，耳を澄ますことで，より細やかな子どもの心の動きに気付くことがある。ときに，今回紹介した事例のような，音楽的な表現の芽生えを感じるような，言葉，音，メロディーとの出合いもあるかもしれない。そのために，保育者として，聞く力を養うことはとても重要なことである。

① 音楽表現を画一的に，技術的な尺度で評価しない保育者の関わりとは，どのような姿か。
② 「豊かな感性」「創造性を豊かにする」というねらいに対して，音楽表現はどうあるべきか。
③ 幼児期によく歌われる歌をまとめ，なぜ幼児期にふさわしいのかを考えよう。
④ 本章の事例より，乳幼児期の音楽表現についてまとめよう。

参考図書

◎ 音楽教育研究協会編『幼児の音楽教育──音楽的表現の指導』音楽教育研究協会，1993年
◎ 岸井勇雄・無藤隆・柴崎正行監修『保育・教材ネオシリーズ19 保育内容・表現』同文書院，2006年
◎ 森田百合子 他『幼児の音楽教育 表現・音楽』教育芸術社，2001年
◎ 遠藤三郎編『独仏伊英による 音楽用語辞典（改訂版）』シンコーミュージック，1991年
◎ 浅香淳編『小学校音楽教育講座 第2巻 音楽教育の歴史』音楽之友社，1983年
◎ 木村はるみ・蔵田友子『うたおうあそぼうわらべうた』雲母書房，2009年

第4章

造形表現

幼少期における直接的・具体的な体験は，その後の人間形成や知的学習の基礎として重要な意味をもっている。保育の現場ではそのことを理解した上で，受容から発動へとつらなる表現活動を，子どもの育ちという視点からとらえ，実践していくことが求められる。

本章では，造形表現活動の構造と教育的意義を明らかにするとともに，子どもの成長発達と造形活動の関わり，造形活動の基礎的知識，保育の現場における活動展開等について学習し，保育者としての資質伸長をめざす。

 第1節 幼児期における造形表現とは

1 表現教育の意義と造形表現

意識的活動への助長

人間の内なる思いを外側に表していく行為は，表す側の伝えようとする意識の有無によって，表現と表出に区別される。特に幼児期は，乳児期の本能的・無意識的な表出から，意図的・意識的な行為である表現へと移り変わる過渡期にあたる。

子どもは，初めは伝達する意識をもっていなくとも，子どもの行為に関心を示しそれを受け止めて読み取ろうとする親や保育者等がいると，その存在に気付くようになる。そして，受け取る側の対応が心の琴線に触れるような体験であった場合に，子どもは喜びの感情を覚え，思いが伝わることを実感するのである。このような体験を積み重ねることによって，やがて行為を受け取る側の様子を確かめながら，自分の思いをより明確に伝える術を身に付けるようになっていく。

表出が受け取る側の読み取りと対応を促し，また表す側もそれに応えるという相互作用の中で，双方の思いが共有化され，無意識的に行われていた表出が，しだいにコミュニケーションの手段としての意識的な表現となっていく。したがって，幼児期に体験する様々な表現活動は，自

第4章 造形表現

5歳児の絵画表現（頭足人と太陽）

らの意志によって思いを表す行為を促し，より意識的な活動へと導くことになるのである。

造形表現は，活動の結果が作品として残るために，幼児と保育者がそれを仲立ちとして話を交わす等，互いの心をより深く通わせて思いを共有化することが期待できる。ただし，幼児は表現対象を象徴としてとらえる傾向があり，また制作に対する知識や技能も途上段階であるために，イメージしたことを思いどおりに表せないことも少なくない。しかし，作品に込めた思いを読み取ろうとする保育者の存在が，幼児に「かくこと」や「つくること」に対する喜びと自信を与え，それがより意識的で豊かな造形表現を支え促すことになるのである。

感性的資質の向上

1枚の写真を眺めながら過去に起こった出来事を回想し，ついもの思いにふけるという行為は，誰もが経験することだろう。しかし，実際に自分が今見ているのは，写真に焼きつけられた映像だけである。そこから，かつて起こった事柄やそのときの情景等が脳裏に浮かんでくるのはどうしてだろう。

人間があることを体験した際に，それが自分にとって印象深い事柄であった場合は，記憶として心にとどまることになる。我々が，日常生活で体験する出来事は，特に能動的に印象づけられた事柄が記憶として蓄積されていく。その断片的な記憶は，ときには誇張され，またときには修正されながら，やがてあるまとまりをもったイメージ（感性的な記憶）として心の中に定着することになる。それが，現在起こっている出来事（直接的な感覚）と結びついて心の中に再現されるのである。

感性は，人間の内面における「感じる」という側面を担う領域であり，その受動的な部分である感覚と能動的な部分である感情が，表現という行為の核となっている。過去の出来事が思い起こされて，そのときの状況を表現できるのは，この感性という領域の働きによるところが大きい。ところが，感性の働きもほかの身体的な機能と同じく，自然と子どもの中にはぐくまれるものではなく，しかも訓練をしないと鈍化してしまいかねないものである。漠然と目に見えていることと，興味をもって見つ

めることはまったく違うことであり，日常生活で起こる様々な出来事や遭遇する事象に対して，常に意識的なまなざしをもって接する習慣を幼児期に身に付けさせることも，保育の担うべき重要な役割なのである。

幼児は，自分たちの生活で能動的に印象づけられた事柄を絵に描き出し，また多様な材料との出合いから着想し，イメージをふくらませながら自分の思いを形に表していく。「かくこと」と「つくること」は，制作方法の違いはあっても，物事を意識的にとらえようとする人間の根源的な精神活動においては，まったく変わらないのである。

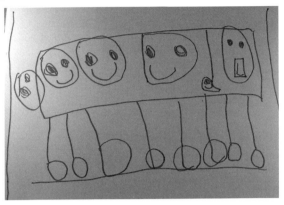

5歳児の絵画表現（電車にのって）

想像性の育成

精神的な活動には，感覚的な事柄と想像的な事柄が存在するが，前者を「気付くこと」＝今ここにある事柄に対する思考（現実認識）であると定義すると，後者は「思いをめぐらせること」＝今時間的・空間的な状況において現実にはない事柄に対する思考（空想）である，ということができる。人間は誰でも，実際にそうではないが，いずれは「こうしたい」「あのようになりたい」というイメージ（未来像・夢）を心に思い描くものである。そして，それに向けた思いを強くもち続け，努力を重ねた先に，未来の現実（夢の実現）が待っているのである。

ただし，このような未来に対するイメージは，まったく無の状態から生まれるものではなく，実は自分が経験してきた出来事から派生したイメージ（感性的な記憶）がもとになってつくり出されたものであり，その意味ではたいへん現実的でもあるのだ。しかも，我々は日常の生活において，目の前で実際に起こっている出来事を受け入れているのと同じくらい，想像を働かせているのである。

幼児期における造形表現も，子どもにとってはひじょうに現実的なものであり，絵や立体で表現しようとする事柄は，その多くが実際の生活で知り得たり体験したことがもとになっている。しかし，

5歳児の工作（ロボットと自動車）

第4章 造形表現

物事に対する限界よりも可能性に強く関心を寄せる傾向があるために、現実の世界で起こった事柄を組み合わせながら、想像の世界で自由に遊ぶことができるのである。このように、造形表現を体験することは、幼児の想像力を伸ばしていくことにつながっていく。また、自分がつくり出したイメージ（未来像）の実現を目指して、考え・工夫し・努力する態度を培っていくことも、実材を扱うことが特徴である造形表現において、重要な要素となる。

感性と理性の調和，統一

人間の内面にある感性的側面（物事を感じる能力）と理性的側面（物事を論理的に考え、判断し、行動する能力）は、決して相反する事柄ではなく、むしろ調和し統一する方向に導かれなければならない。知識を得ることは理性的な活動であるが、それを生きたものとしてより深く定着させるには、感性の働きが必要である。「知る」ことは「感じる」ことにより人間の内面に定着し、また「感じる」ことは「知る」ことによってその深みを増していくことになる。

たとえば、木箱が必要になり、さっそく木の板を入手してのこぎりで切り始めたとしよう。木目と呼ばれる木の繊維の方向性については、それまでも耳にしていたが、実際に板をのこぎりで切断してみると、それがどのような性質をしており、どう扱わなければならないのかが身にしみて理解できる。また、のこぎりを使っていると、ときどき腕の動きに軽快さを感じたり、切断音が耳に心地よく響くことがある。後に木目の性質を学んだ際に、その時の感覚が思い起こされて、理にかなった木目とのこぎりの扱い方を深く認識するのである。このような、俗に「こつ」

丸太切り

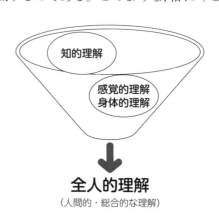

図4-1　より深い理解に向けて

と呼ばれる活動に必要な周辺的知識は，実際に体験をしてみて初めて自分の身に付く事柄なのである。

　幼児期は，生活の中で営まれる直接的・具体的な体験を通して，後の知的学習に対する基礎的な能力を培っていく時期でもある。このことから考えると，材料や用具類という実材を扱うことが活動の中心である造形表現は，子どもの情緒面における発達ばかりでなく，その知的学習に対する教育性にも着目をする必要がある。

人間形成

　造形表現を端的に表すと，「自分の思いに，形を与えていくこと」とも言うことができる。そのためには，自らが心に思い描いたイメージ（未来像・理想）を材料や用具，技法等を用いて具体的にまとめ上げていかなければならない。しかし，造形表現は自分の思いを色や形等の媒体を使って他者に伝えるという意識的な行為であるために，様々な心の葛藤が生じてくる。

　「これでよいのだろうか」「なかなか思いどおりにできない」「もしかしたら失敗するかもしれない」等，不安や戸惑いの感情を覚え，ときに自信を失くして気持ちが揺らいだりもする。また「材料が足りない」「使いたい色がない」「技術的に自分にはむずかしい」等の困難に直面することもあるだろう。実材を扱っていく造形表現活動は，程度の違いはあっても，誰もがこのような可能性と限界の狭間で起こる気持ちのせめぎ合いを，心の中で繰り返すのである。しかも，目標実現の前に立ちはだかる障害を克服し乗り越えていくには，表現者自身が情熱・信念・勇気をもたなければならず，また相応の努力も必要となる。

　そのような過程を経て生み出された表現は，表現者に達成感と満足感を与え，「生きる喜び」へとつながる感情をもたらすことになる。特に幼児期は，これからの行動規範を形成する上で重要な時期であるために，心身の発達状態において適切なレベルの負荷を伴う造形的な体験は，子どもに勇気と自信を与えるとともに，生活することに対する意欲や主体性を培い，それがより力強い人間形成へと導くのである。

第4章 造形表現

第2節 造形表現の基礎知識

　保育に携わるには，子どもの成長発達における一般的な順序性と節目を理解しておかなければならない。その上で，子どもの状態に応じた人や物との関わりを考えることにより，保育という行為が具体化されるのである。特に造形表現は，材料や用具という実材を扱う行為であるために，保育者には一層深い知識が必要となる。

1 乳幼児期における一般的発達特性

子どもを知るということ

　「保育は，子どもを知ることから始まる」という言葉をしばしば耳にするが，これには「子どもの心身における一般的な発達特性を理解する」ことに加えて，「自らが関わりをもつ子どもの実情を把握する」という二重の意味が含まれている。保育の現場で行われる様々な事柄は，この双方を踏まえることにより，初めて系統立った保育活動として具体化されるのである。

5歳児の絵画表現（歩いている）

　造形表現活動は，身体機能・情緒性・認知機能・思考・社会性等の発達とも深くつながっており，これら相互の関係を視野に入れながらとらえていく必要がある。また，子どもの発達における順序性はほぼ同じであるが，造形表現上の特徴が現れる時期については，心身の発達状態・生来的な資質・経験値・扱う材料や用具の難易度・扱うテーマの内容・生活環境・社会の文化的差異等の諸要素によっても変動し個人差が大きいために，流動的にとらえていかなければならない。

▶ 運動感覚的な思考の段階（0～2歳頃にかけて）

・0～4か月頃：生来的な反射行動によって環境に適応する。体の中心部分を動かすような動作を行う。遠くにあるものを注視したり，動くものを目で追えるようになる。初歩的な手と目の統合的動作により，周囲に対する働きかけの反応を楽しむ。同じ動作を繰り返しながら調

整と修正を行い，知識として獲得していく。初期の喃語が始まる。

・4～8か月頃：手指の運動機能が発達し，物をしっかりと握りながら振ったり，手で押さえつけたりできるようになる。反復動作を繰り返す中で，有効と思われる行為を認識する。

・8か月～1歳頃：ハイハイができるようになり，移動しながら詮索行動を始める。下の物をとるために上の物を払いのけたりする等，知的な動作が見られるようになる。コミュニケーションの手段としての喃語を話し始める。

・1～1歳6か月頃：歩行を始める。手指の動きに巧みさが増してくる。経験から得た知識による動作を行う。一語文で話し始める。

・1歳6か月～2歳頃：歩行による活動環境の広がりから，活発な詮索行動が展開される。認知的機能の発達から知的活動も活発に行われる。二語文で話し始める。

▶ 象徴的な思考の段階（2～4歳頃にかけて）

・2～3歳頃：運動機能の発達により階段の昇降ができ，走りもしっかりとしてくる。主語と述語を意識した言語活動が行えるようになる。見立てやごっこ遊びが多く見られるようになる。自己主張が強くなる。模倣行為が盛んに行われる。

・3～4歳頃：象徴的思考が発達し，ごっこ遊びが一層盛んに行われる。話し言葉で意志の疎通が図れるようになる。自己中心的な行動をとるが，自制心や協調性も芽生え始める。

▶ 直観的な思考の段階（4～7・8歳頃にかけて）

・4～5歳頃：運動機能の発達に伴い行動が意欲的になる。活動が活発化する反面，相手に受け入れられたいという感情も芽生え，不安感を抱くようになる。言葉によるコミュニケーションを積極的に行い，読み書きも少しずつできるようになる。

・5～7・8歳頃：運動機能の発達が顕著になり，多様な運動ができるようになる。思考力の発達に伴い，自己の内面にあるイメージを表現することができるようになる。社会性の芽生えから，グループによる遊びの場面が増える。論理的な思考はまだ途上段階にある。

第4章 造形表現

2 絵画表現の発達

詮索行動：いじくり期（0～1歳頃にかけて）

　乳児は，ハイハイや歩行により移動をしながら，自分の周囲にある様々な物へ働きかけを行い，それに対する外界の反応を楽しむようになる。「物と関わることの楽しさ」と「体を動かすことの喜び」は，やがて未分化的な造形活動へと向かうことになる。

スクリブル：なぐりがきの時代（1～2歳半頃にかけて）

　スクリブルと呼ばれる最も初期段階の絵画的表現は，「物との触れ合い」と「身体的な運動動作」の産物として偶然的に発生し，「中央部から周辺部へ」という，子どもの身体的発達の順序と呼応して発達をする。1歳頃から手指の働きに巧みさが増し，描画材を手に握り画用紙の上等で動かすと，そこには自らが行った手の動きの痕跡が点や線として現れてくる。このような，自分の手の動きに従って，物が変化をすることのおもしろさは，子どもの興味を刺激してさらなる行動を促していく。

　最初は，体に最も近い肩を中心としたぎこちない点のスクリブル（なぐりがき）であったものが，しだいに肘を連動させた扇形のスクリブルとなり，さらにはもっと先端の手首や指の関節を使ったうずまき型や円形のスクリブルとなっていく。このように，スクリブルは子どもの運動感覚的な行為が出発点であるために，発生時には起点も終点もない未分化な線のお遊びであったものが，やがて子ども自身に描く線を操作する意識が芽生えることにより，スクリブルが統制されて質的な変化を遂げるようになる。自分が描いている線を目で追いながら，どこからどこまでどのような線を描くのか，線をつなげたり曲げてみたり，さらには閉じた丸として描いてみたりする等，子どもの関心は描く線をコントロールする行為に向けられる。

2歳児の絵画表現（スクリブル・線のお遊び）

意味づけの時代（2～3歳頃にかけて）

　3歳頃を中心とした数年間は，子どもの成長発達をとらえていく上で大きな節目となり，特に象徴的思考の発達と言葉の獲得は，子どもの絵画的表現において大きな質的変化をもたらすことになる。日常生活で蓄積された「感性的な記憶」と「線や形を描く行為」，さらに「言葉」が

統合されることにより，子どもにとって初めて何らかの意味をもつ絵が登場する。それは，今まで運動感覚的な行為の結果として残されてきたスクリブルが，想像的行為の産物として新たな価値をもつようになったということでもある。

　この時期の子どもは，絵を描く際に頻繁に言葉を発しながら描画材を画面上で走らせる。そのとき子どもの内面では，今描いている事柄に

2歳児の絵画表現（意味づけ・りんご）

ついての物語が進行しており，それが線や形を通して象徴的に表されていくのである。つまり，意味づけの段階におけるスクリブルは，「表したい事柄」と「描いた形」と「言葉」をつなぐ関係づけの行為に過ぎず，子どもには「それらしさ」を絵で表そうとする意識はまだない。

前図式期（3～5歳頃にかけて）

　人間は，今そこに存在していないものであっても，言葉の働きによって，その対象がもっている具体的なイメージを思い起こすことができる。言葉がもつ具体的なイメージは，子どもに描画上の「それらしさ」に対する欲求をもたらし，それによって象徴としてではない「形の意識的な創造」が始められることになる。

　低年齢児の絵に描かれる対象を見てみると，他の事物に比べて人間を表したと思われるものが圧倒的に多く，しかもこの時期にたいへん特徴的な人体の表現が登場する。目や口らしきものが描き込まれた一見して顔と思えるような丸い形から，足や手を連想させる線が生えた「頭足人」と呼ばれる人間像である。

　しかし，まだこの時期の子どもには，見たものを見えたとおりに描こうとする気持ちはなく，あくまでも表したい思いを線や形で代用させているに過ぎないため，描かれた事柄の内容については，当人に話してもらわなければはっきりとは分からない場合も多い。また，同じ画面の中に描かれたものであっても，互いの関係性についてはほとんど意識がなされておらず，個々が画面上で独立した存在として描かれている。

4歳児の絵画表現（頭足人・せんせい）

第4章 造形表現

図式期（5〜9歳頃にかけて）

身体の諸機能が著しく発達をする時期であり，子どもの行動範囲が広がるとともに，一層活発な活動が繰り広げられるようになる。特に，認知機能の発達が日常生活においても顕著に現れて，言葉と対応した概念形成の発達が描画における対象物の様式化へと向かわせる。この時期の子どもは，様式化された個々の対象物を「絵記号」のように扱い画面上に配置することで，自らの思いを絵に表現していく。

ここでは，図式の時代を中心とした児童絵画における代表的な描法のいくつかを紹介するが，これらは同一画面上に混在して描かれることがしばしば起こるので，その一つ一つを丁寧に読み取っていき，子どもが絵に込めた思いをくみ取ってもらいたい。また，それらが子ども個人にとっての価値意識の現れであるということを認識することが大切である。

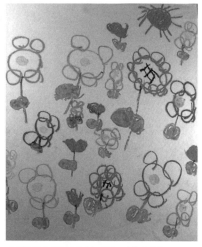
4歳児の絵画表現（花の様式化）

- ●基底線：画面の下方に地面を象徴するような1本の線が現れ，家や木や人等がそこから立ち上がるように描かれる。これは，単に地面を描いたというだけでなく，描かれている個々の物が，同じ時間と空間に存在していることを表しているとも解釈することができる。つまり，子どもが自分と他者や自分と物等の関係性を意識して表現した証しであり，そこに社会性の芽生えを見て取ることができる。
- ●人体表現における正面性：物には，その特徴を最もよくとらえることのできる見方の方向がある。自動車や魚は横からとらえると描きやすく，人間は正面からとらえたほうがその特徴を描き出しやすい。おそらく，子どもはそのことを自らの生活体験から知っているのだろう。人体表現の発生時から，人間を描いた絵には正面からとらえたものが圧倒的に多く存在する。
- ●拡大表現：子どもは，自分が興味や関心を強く抱いた事柄を一番初めに絵に描き，さらに心に受けた印象の深さを大きさで表現する傾向がある。このような，「無意識の順位づけ」と「価値の量化」によって，大きさのバランスが崩れた不自然とも思える絵を描くのである。特に親や先生等の，自分が親しみを感じていたり，偉いと思っている人物を大きく描くことが多い。

4歳児の絵画表現（花とせんせい）

●多視点表現：大人が写生画を描く場合は，三脚に固定したカメラのファインダーからのぞくようにして，描こうとする物を一つの視点からとらえようとする。しかし，このようなとらえ方をすると，物の後ろ側にあったり陰になっていたりする物は，描くことができなくなってしまう。子どもはそのような場合に，見ている視点を移動させ，いろいろな方向からとらえた状況を1枚の画面上に並べるようにして描き，自分の思いを表現するのである。

●展開図的描法：多視点表現の一種で，テーブルの脚が盤面から四方にのびたり，池の周囲に立つ人間がその縁から放射状に寝そべるように描かれたりした場合に，ちょうど立体図形の展開図に似ているため，このように呼ばれている。観察者が画面の中心に立ち，ぐるりと一周しながら視点を移動させて，周囲を眺めたときのような景色のとらえ方である。

●レントゲン描法：家の中や自動車の中で起こった出来事を表現する場合によく用いられる。描きたい物が何かの後ろ側にあったり，陰になって直接は見えないような状況にある場合，あたかもレントゲン写真を見るかのように，外側にあるものを透過させて描く方法である。実際に見えている事柄よりも，体験として知っていることを描きたいという子どもの思いから，外部と内部が1枚の画面に混在して描かれる。

5歳児の絵画表現（ごはんのしたく）

●時間の同存表現：場所を移動して行われた出来事や，時間の経過等を1枚の画面に凝縮させて表す描法であり，児童絵画においては比較的

85

第4章 造形表現

初期の段階から現れてくる。この時期になると，絵の中に描き込まれた個々の対象が様式化されているために，大人から見ておよそ何を描いたのかは分かるようになるが，時間性等の抽象的な表現は読み取りがむずかしいために，子どもとの会話から込めた思いや考えを聞き取ることが必要である。

●積み立て式遠近法：1枚の絵に，複数の基底線が描き込まれる場合がある。子どもは，自分の近くにある物は視線の下方に，また遠くにある物は視線の上方に見えるということを，日常生活の中で知っているのである。したがって，下の基底線は近くの事柄として，上の基底線はそれよりも遠くの事柄として絵に描いていく。大人のように一つの視点からとらえ，遠近感を表現するようになるのは，まだ先のことである。

3 工作的表現の発達

もてあそびの段階（0〜3歳頃にかけて）

自分の周囲に働きかけて，その反応を楽しむ様子は，生後まだ間もない時期から開始されるが，それは運動的な動作を主体とした物に対する本能的な関わりとも呼ぶべき行為であり，子どもの意志が反映された「もてあそび」とは言いがたい。感覚機能と運動機能，それに子どもの意識が統合された物との関わり，つまり「物をもてあそぶ」ことが始まるのは，2歳前後の頃からである。

手にした紙を引き破ったり，粘土をたたいたりするのは，意識的な行為であるとは言いがたく，まだ未分化な状態で行われているが，そのようなことを繰り返し体験する中で，しだいに手に触れる物の特性を覚え，材料としての興味や関心を抱くようになる。押さえる・たたく・投げる等の行為は，大人には壊すことに映るが，乳児は自らの働きかけに対する外界の反応を確かめながら，それが変化する様子を楽しんでいるのである。破壊と創造はまさに表裏一体の関係にあり，特に乳児期の子どもにとっては，「つくる」という行為の出発点となる。

つくったものに意味づけをする段階（3〜4歳頃にかけて）

2歳半を過ぎた頃から，「もてあそぶ」行為によって偶然できた形に意味付けを行うようになる。スクリブルに対する意味付けと同様に，できた形に「そのものらしさ」は見られないが，子どもにはそのイメージ

がしっかりと思い浮かんでいるのだ。この時期には、頭の中にあるイメージと、ある程度関係づけができる形をつくりやすい、子どもの操作能力に合った材料を用意することが大切である。

　並べる・つなげる・重ねる・積む等の造形的な操作と共に、扱いやすい材料を組み合わせることによって、子どもにとって何らかの意味をもつ「もの」をつくることができるようになる。たとえ、つくられた「もの」は簡単な物であっても、このような体験を続けていくうちに、形・色・構成・空間等の造形要素に対する意識が少しずつ芽生えてくる。個人差はあるが、はさみ・のり・セロハンテープ等を扱えるようになるので、子どもの技量を見極めた上で、必要に応じた支援を行うようにしたい。

つくったもので遊ぶ段階（4～6歳頃にかけて）

　精神的な面においても、また身体的な面においても、著しい発達が見られ、自らの実体験をもとにしながらたくましい想像力を発揮し、生活の中に生かしていく時期である。思いを形にするために材料を選んだり、材料から着想を得て思いをふくらませたりしながら、つくったものを自分たちのごっこ遊びに取り入れていく。

　また、ある程度「つくりごたえ」のある材料を求めるようになり、空き箱・容器類・段ボール等が好んで用いられる。自らのイメージを具体化するためには、材料の加工や用具類の扱い、さらには部品の接着接合等に関わる知識と技能が必要とされるが、途上段階にあるため試行錯誤を繰り返しながら、必要な知識を学び取っていく。

　これ以前にもごっこ遊びは行われているが、社会性の発達というまでには至らず、共同作業による達成感を味わえるようになるのはこの時期からである。そのために、みんなで協力しながら行う活動を支援することも、保育者にとっては重要である。

5歳児の工作（券売機）

4 造形用具の扱い

▶ クレヨン，オイルパステル

・クレヨンやオイルパステルはすべりがよく、扱いも容易であるためにのびのびと描くことができ、幼児にとって扱いやすい描画材である。

第4章 造形表現

いろいろな種類のものがあるが，なるべく発色がよく，幼児がもちやすい太めのものが望ましい。もち方は，鉛筆もちやつまみもち等，幼児の実態や用途に応じて使うことができる。

●**クレヨン**
・クレヨンはロウ分（パラフィン）をおもな成分として固められているため硬く，細い線描に適している。また透明度が高く，下に描いた色を生かすことができる。

●**オイルパステル**
・オイルパステルは，油性分をおもな成分として固められているのでクレヨンよりも軟らかく不透明性があり，広い面の塗りつぶしや画面上での混色にも適している。

◎**クレヨン・オイルパステルの使用に関して**

入園に際し，保護者に「クレヨンをもたせてください」といったお願いをすると，「クレパス（オイルパステル）でもいいですか」等の質問を受けることがある。

幼児の実態や園，地域，年間指導計画等と照らし合わせて対応することが求められる。

▶ **フェルトペン**
・ペン先が細いものから太いものまで種類が多く，線描きだけでなく面を塗るのにも用いられる。また，同じ太さや一定の濃さでなめらかに線を描くことができるのも特徴の一つである。

▶ **はさみ**
・手の大きさや利き手に合ったものを選ぶ。また，切れ味がよく，刃先が丸いもの等，幼児の実態に応じたものを選ぶ。
・まっすぐ縦に構えて切る。曲線等を切る際には，紙のほうを動かしながら切る。
・刃を開いたまま放置しないことや，はさみをもって振り回さないこと，人にはさみを渡す際は刃を向けないこと等，安全に関する事柄を丁寧に指導する。
・もち方や使い方，安全への配慮等，正しい用い方を繰り返し指導し，理解させる必要がある。一朝一夕で習得できるものではなく，何度も指導することが大切である。

▶ のり
・容器に入ったでんぷんのりが望ましい。液状のスティックのりは扱いが容易であるが，幼児期は巧緻性をはぐくむためにも，指先を使うことに重点をおきたい。紙の広さに応じた適量を取ることや，紙全体にのりを伸ばすこと等は容易ではないため，繰り返し経験をさせることが大切である。

用具や材料を扱う際には，いずれの場合においても保育者の目が届き，適切な指導が行われていることが前提である。誤飲等も含めて，安全に対しては十分に注意を払う必要がある。

また，幼児は保護者や保育者から与えられた用具や材料に対して疑問を抱かずに使う。それは，幼児にとって多くの物が初めて出合う物ばかりであり，与えられた物が自身にとって適当かどうか判断する指標が構築されていないからである。たとえば，左利きの幼児に右利き用のはさみを使わせたとしても，それが使いづらいとは思わないのである。したがって，保育者は幼児が材料や用具を使っている様子等も丁寧に見て取り，幼児に適しているかどうかの判断をする必要性がある。

第3節 造形表現をはぐくむために

子どもの造形表現をより豊かなものとするには，保育者による適切な活動内容の選択と材料や用具類の準備が必要となる。したがって，保育者には子どもの思いに共感したり，物事の多様な価値に気付けるような感性と深い洞察力が求められるのである。

1 保育者としての感性をはぐくむ造形表現活動

物事を意識的にとらえる
●こすり出し
　表現は，「感じる」ことによって生じた人間の内面に起こる心の動き（感動）がもとになって行われる。しかし，物事を受け止める「感覚」は常に意識をして働かせなければ，鈍ってしまうものである。日常生活の中で起こる事柄も，ただ漠然と見たり聞いたりするのではなく，いつもと

第4章 造形表現

は少し異なる接し方をすることによって,新鮮な感覚で受け止めることができるようになる。

　触覚は,人間の感覚の中で最も早く活動を始めるにもかかわらず,視覚や聴覚と比べるとついその存在を忘れてしまう。「こすり出し」は,触覚を視覚化することによって,身近にある物がもつ形の美しさを再認識することができる技法であるともいえる。

【用意】
・上質紙（B5　多めに準備）　・画用紙（8ツ切）　・色鉛筆
・クレヨン,オイルパステル　・定着剤（透明スプレーニス等）
・はさみ　・のり　・のり下紙　・新聞紙

【活動展開】
　・こすり出しの採集（屋内外の自然物や人工物,手持ちの小物等凹凸のあるものをこすり出して,一人10種以上集める）。
・採集したこすり出しを切り抜く。
・切り抜いたこすり出しを画用紙上に並べて,表現の構想を練る（絵画的表現,構成画,見立て等）。
・思いついたイメージに従ってこすり出しを貼り込み,加筆して作品に仕上げる。

【その他】
・こすり出しがやりやすい物とやりづらい物を意識する。
・場合によっては,こすり出す際に他の人に押さえてもらう。
・色の選択を考える（目立つ配色やグラデーション等）。
・活動の振り返り（制作意図や感じたこと・思ったこと・考えたこと・学んだこと・得たもの等をまとめる）。

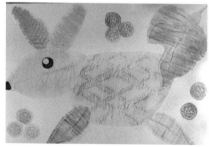

想像することを楽しむ
●お話の絵

　言葉は，自分の意志を相手に伝えるだけではなく，他者から発せられた思いや感情を受け止めるときにも機能する。特に幼児期は，自己中心的な感性の時代から，他者の存在に気付き，自分と他者との関係を意識し始める時代でもある。そのために，絵本や物語等と接して，登場人物や主人公の思いや気持ち等を感じ取ることも，子どもの精神的な成長や社会性の発達を考えていく上で大切なことである。

　絵本や物語の中にある言葉は，それを聞いた者に様々なイメージをもたらし，ときとしてオリジナルの文脈にはない場面にも誘うのである。つまり，言葉と言葉の間にはさらに無数の言葉や場面が散りばめられており，それを見つけ出すことも絵本や物語と接する楽しみとなっている。

　目を閉じて絵本や物語の音声だけを聞き取り，それからイメージをふくらませて思いついた場面や情景を絵に描き，子どもと同じように想像の世界で遊んでみよう。

【用意】
- 上質紙（A4）　・画用紙（8ツ切）
- 色鉛筆　・クレヨン，オイルパステル
- 水彩用具一式
- 定着剤（透明スプレーニス等）　・新聞紙
- 短いお話の絵本や物語（音声が録音されている記録媒体でもよい）

【活動展開】
- 目を閉じて，絵本や物語の音声を聞き取る。
- 上質紙を使って絵の構想を練る。
- 考えた構想に従って，画用紙に描画と着彩を行う。

【その他】
- オリジナルの文脈にはない事柄に対して，思いをめぐらせてみてもおもしろい。
- 活動の振り返り（制作意図や感じたこと・思ったこと・考えたこと・学んだこと・得たもの等をまとめる）。

第4章 造形表現

表す側と受け取る側の視点をもつ
●らくがきイラスト

　周知のように，造形表現は自分の思いを絵や立体として自由に表していく行為である。しかし，かりに1枚の画用紙を与えられて，そこに自由に絵を描くように言われたら，果たしてどれほどの人が即座に絵を描き始めることができるのだろうか。「自由に」や「思ったように」ということは案外むずかしく，むしろ表す側にとっては，表現につながる何かのきっかけがあるほうが，より自由な発想も生まれやすいように思える。

　たとえば，白い画用紙にあらかじめ大きな丸が描かれてあったとしたらどうだろう。そして，「これは何だろう？」と言われたら，多くの人が「スイカ」や「目玉焼き」等の具体的なイメージを思い浮かべることができるはずである。個人の記憶・思考・感情等と結びつくような，発想のきっかけがあると，絵のイメージも浮かびやすくなる。そこで，「導入用のイラスト入り用紙」を考案し，あわせてそれに添える導入のためのお話を考えてみよう。

【用意】
・上質紙（A4）　・ポスターカラーマーカー（黒）　・色鉛筆
・クレヨン，オイルパステル　・定着剤（透明スプレーニス等）
・新聞紙

【活動展開】
・上質紙を使ってらくがきイラストの構想を練る。
・考えた構想に従って，上質紙にらくがきイラストの原画を描く
　（導入用の短い文章を記入してもよい）。
・導入のためのお話を考える。
・らくがきイラストを必要分複写する。
・複写したらくがきイラストを配布する。
・導入のためのお話を行う。
・配布したらくがきイラストに対して，描画と着彩をさせる。

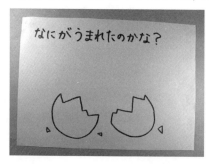
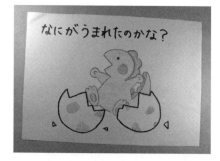

【その他】
・表す側と受け取る側のことを考えながら、らくがきイラストの原画を考案する。
・導入時のお話は、抑揚・間・リズム等語り方を工夫する。
・同じ原画による表現の違いを楽しむ。
・活動の振り返り（制作意図や感じたこと・思ったこと・考えたこと・学んだこと・得たもの等をまとめる）。

協力してつくる
●空間遊び

　表現は、人間の外部からもたらされた情報や刺激が、自らの内面にある感覚により受容され、心が動かされることによってイメージが生じるところから始まる。それは、見たり聞いたりしたこと以外に、場所の特徴や材料の性質等を含めた、空間的要素がもとになる場合もある。

　4人程度のグループをつくり、室内にあるテーブルと椅子、さらに新聞紙を用いて、見慣れた室内を非日常的な空間へと変化させてみよう。個々のメンバーは、思いや考えが異なるために、どのような空間にしたいのかを話し合うところから活動が始まる。活動の規模や知識と経験値に違いはあるが、活動の本質は幼児が行うものと大きな違いはなく、彼らの思いを実感することができるはずである。

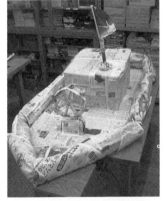

【用意】
・室内のテーブルと椅子　・新聞紙（新聞広告を含んでもよい）
・描画着彩用具　・はさみ　・のり　・セロハンテープ
【活動展開】
・4人ほどのグループをつくる。
・どのような空間をつくるのか話し合う。
・空間をつくる活動。
・グループごとに発表する。
【その他】
・活動成果の撮影（このような活動は一過性のものであるため）。
・活動の振り返り（制作意図や感じたこと・思ったこと・考えたこと・学んだこと・得たもの等をまとめる）。

第4章 造形表現

2 乳幼児のための造形表現活動

0, 1, 2歳頃を中心とした造形

●洗濯バサミ遊び

　洗濯バサミは，大きさや重さが乳児の手にも扱いやすく，はずしたり挟んだり，また箱への出し入れを楽しんだり等，子どもの興味に応じた遊び方ができる。初めは無秩序的な遊びであっても，やがて挟む・つなぐ・組み合わせる等，その子どもなりのこだわりや秩序感が見られるようになり，そのような行為がやがて造形表現につながっていく。

【おもな材料と用具類】

・洗濯バサミ：一人に対して20～50個程度あると，いろいろな遊びが展開される。
・段ボール片：挟んだりはずしたりするときの台紙として使う。
・牛乳パック：底の部分を7cm程度に切り落としたもの。

【留意事項等】

・洗濯バサミは，バネがあまり強すぎないものを選ぶ。
・洗濯バサミを，箱やかご等にたくさん入れたときに出る音も，子どもにとっては大きな魅力となる。
・子どもの興味や手指の発達を考慮した上で，遊びが広がるように他の材料を適宜用意する。

●お絵かき遊び

　スクリブルは，描画材をもった手指を動かすことによって描き出される点や線のお遊びから始まる。初めは，無意識的に現れる手指の動きによる軌跡を楽しんでいたものが，しだいに描く線をコントロールすることを覚え，やがて自分の描いた点・線・形に意味付けをするようになる。子どもは，描くことそれ自体に興味をもっているために，導入や言葉が

け等大人による過度の介入は慎み，温かく寄り添って，行為そのものを受け止めることが大切である。

【おもな材料と用具類】
・画用紙：8ツ切で白いものを用意。
・描画材：フェルトペンやクレヨン，オイルパステル等，乳児が握りやすく，画面上でなめらかに線が描けるものを1,2色に絞って用意する（色数が多いと，色選びに興味が向き，描くことに集中できなくなる）。

【留意事項等】
・描画材は，発色がよく色味の強いものを用意する。白い画用紙を使う場合，白や黄色等は子どもが自分の描いた線の痕跡を確認しづらい。
・描くことへの意欲を高めるために，用紙の大きさや形，色を工夫する。子どもの手のひらよりも少し大きめの用紙。丸や台形，動物の顔の形等に紙を切り抜く。

 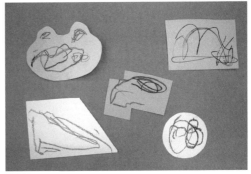

● のりづけ遊び

　丸や三角，四角等に切り抜いた色画用紙から気に入ったものを選び，それにのりをつけて画用紙に貼りつけていく活動である。どんな色や形を選んで，画用紙のどこにどのように貼りつけていくのか，一人ひとりのこだわりや思いが表れてくるので，子どもの気持ちを大切にして活動を見守りたい。指先で適量ののりをすくい取り，紙の裏にまんべんなく指の腹で伸ばしながら丁寧にのりづけをしていくことは，子どもの手指の巧緻性をはぐくむことにもつながっていく。

【おもな材料と用具類】
・画用紙：8ツ切を用意。色画用紙を使用してもよい。
・丸，三角，四角等の形に切り抜いた色画用紙。形や色に分けて容器に入れておく。

第4章 造形表現

- のり：カップ状の容器に入ったもの。
- ハンドタオル：水でぬらしたもの。　・新聞紙

【留意事項等】
- 指先についたのりは，水でぬらしたタオルでまめに拭き取るようにさせる。
- 貼りつける紙は一度にたくさん出さずに，少しずつ容器に出して，少なくなったら補充する。
- フェルトペンやクレヨン，オイルパステル等で絵をかき加えてもよい。

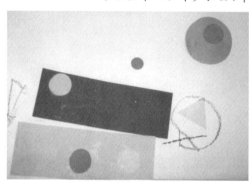

3，4，5歳頃を中心とした造形
● おやつを描こう

　絵を描く場合には，描きたい事柄を頭の中にイメージさせることが大切である。そのための工夫として，袋や瓶等の形に切り取った画用紙を用意して，導入に楽しいおやつのエピソードや好きなお菓子についての言葉がけを行う。まだ，描こうとするものの形を象徴としてとらえる子どもも多いため，描かれたものに形や色の再現性を求めるのではなく，彼らの思いに寄り添って描画を見守ることが大切である。

【おもな材料と用具類】
- 画用紙を袋や瓶の形に切り取ったもの。四角い画用紙を二つ折りにして切り抜くとよい。
- 描画材：フェルトペンやクレヨン，オイルパステル等。

【留意事項等】
- 子ども一人ひとりの記憶から，おやつを食べたときのイメージを引き出すことが活動のポイントとなる。
- クレヨン等のもち方もこの時期に身に付けさせたい。鉛筆をもつようにもたせる。

 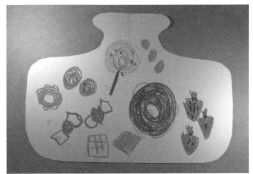

●食べ物屋さん遊び

　子どもたちは食べ物が大好きであり，日常における彼らの会話からその話題を拾い出し，造形表現の活動へと展開させていく。ピザ屋さん・お寿司屋さん・アイスクリーム屋さん等，食べてくれるお客さんのことを想像しながら，調理をするつもりになってつくる食べ物には，子どもたちの思いが込められることになる。テーブルをそれぞれの食べ物に合わせたお店につくりかえる等，環境的な造形活動に導いてもおもしろい。

【おもな材料と用具類】

- 様々な紙材料：画用紙，色画用紙，色紙等を適宜用意しておく。
- 描画材各種：クレヨン，オイルパステル，フェルトペン，カラーシール等を適宜用意しておく。
- 補助材料：カップ，毛糸，スズランテープ等を適宜用意しておく。
- 加工用の用具類：はさみ
- 接着用品：のり，セロハンテープ，接着剤等を適宜用意しておく。
- 新聞紙

【留意事項等】

- 遊びから生じた，子どもの自然発生的な興味を大切にする。
- 子どもの手指の発達状態や作業の習熟度等を考慮して，材料の準備や支援を行う。

第4章 造形表現

●段ボール遊び

　中に入り込んだり，くぐったり，かいたり，貼りつけたりできる等，段ボール箱には子どもの遊びや造形的な活動に発展できる要素がたくさん詰まっている。また加工性に優れ，丈夫さと柔軟性をあわせもっていることから，子どもの造形材料としても利用価値の高い材料である。大きな活動と小さな活動のどちらにも対応することができるが，加工や組み合わせを行う場合，体力面と経験値から幼児にはむずかしい場合もあるので，保育者が子どもの様子を把握して適切な支援を行う必要がある。

【おもな材料と用具類】
・段ボール箱：様々なサイズや厚さがあるので，使用目的を想定して収集と保管をする。
・補助材料各種：色紙，色画用紙，新聞紙，クレヨン，オイルパステル，フェルトペン，容器や小箱等子どもの活動を想定して適宜用意をする。
・加工用の用具類：はさみ，段ボール用の切断具等。
・接着用品：セロハンテープ，ガムテープ，のり等。

【留意事項等】
・遊びから生じた，子どもの自然発生的な興味を大切にする。
・子どもの造形的な技量に応じて，材料や用具類の準備と支援を行う。
・幼児は視野が狭く，また遊びに夢中になると注意力が散漫になるため，安全に対しては特に注意をする。

第4節　子どもの造形作品を理解するために

1　造形表現における作品のとらえ方

　造形表現活動は，材料や用具類及び活動空間という実材を通して展開されるところに特徴があり，子どもはそれらに触発されて，様々な発想を思いつきながら活動に取り組んでいく。物や場所，さらには人との出会いも含めて，外的な情報や刺激を受容しながら心の中で物語を紡ぎ出し，制作物に対するイメージをふくらませていく。造形表現は，実材が表現媒体として用いられるために，子どもが思い浮かべたイメージは，かいたり，つくったりした活動の結果，作品という形で残されることになる。

　大人側の意識としては，目に見えている作品に関心が向き，その出来具合にのみ気を取られてしまうことも少なくない。しかし，そのような結果主義・作品主義的なとらえ方が，子どもの活動を萎縮させてしまうこともある。したがって，形に残るという造形表現の特徴が，子どもの意欲や自信をはぐくむ一方で，それを失わせる危険性があるということを認識して指導にあたることが大切である。

　また，幼児の造形活動は完成のイメージが漠然としており，活動が進むうちに少しずつ考えがまとまったり，人や物との関わりから新しい発想が生まれて，制作の方向性が変わることもよくある。いったんはできあがったように見えても，子どもにとってそれが新たな表現の契機となる場合すらあるのだ。このように，幼児期の子どもは作品を完成させることへの思いよりも，表現すること自体に強い関心をもっている場合が多い。

　保育に携わる者として留意したい点は，作品をつくることの有効性と危険性，及び幼児期の活動特性を認識することである。そして，作品の造形的な質を問題とするのではなく，むしろ作品制作の行為性に対して焦点を当てることが，幼児の造形表現を理解する上で重要であることを自覚しなければならない。

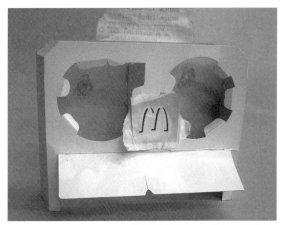

3歳児の工作（ガオーのお面）

2 「表」すことと「現」されたこと

　表現という言葉は,行為や過程を示す「表」と,現象や結果を示す「現」という二つの要素から成り立っている。造形表現は,活動の結果が作品として残されるために,どうしても「現」の部分である表現技術の巧拙に関心が向くことになる。しかし,第1章の「表現のプロセス」で確認したとおり,造形表現は作画や工作等の技術的側面のみで成り立っているわけではなく,むしろ表す側の心情が強く反映されるのである。

　また,幼児は造形活動を行うこと自体に喜びを感じており,材料や用具を扱いながら試行錯誤を繰り返し,自らの思いを具体化しようとする。造形活動は扱う相手が「物」だけに,自分の思いどおりにことが運ぶとは限らず,幼児にとっては知識・経験・体力等を総動員させた,まさにチャレンジと呼ぶにふさわしい活動となる。このように考えると,造形表現で大切なことは,活動の結果として現された作品の出来具合ではなく,むしろ制作過程である「表」の部分において,幼児が何を学び取り,どのような価値を身に付けたのかということになる。

　幼児の作品は,その奥にある子どもの内面的な活動も含めた全体像としてとらえなければ,その価値を理解するには至らない。また,表現のもとになった子どもの体験や,それにより引き起こされた心の動き,さらには関心や意欲,表現技能も含めた様々な要素を認識することが,子どもの造形表現を理解する出発点となるのである。

① 造形表現活動の教育的な意義について，幼児の活動や自らが体験した具体的な出来事を例にあげながら考察しよう。
② 子どもの育ちと造形活動の関わりをとらえていくために，誕生から幼児期にかけての発達特性をまとめよう。
③ 子どもの描いた絵を観察して，そこに込められた表現の内容と制作意図，および子どもの育ちについて考察しよう。
④ 本章の第3節にある「保育者としての感性をはぐくむ造形表現活動」を体験しよう。

参考図書

◎ 槇英子『保育をひらく造形表現』萌文書林，2008年
◎ 花篤實・岡田憼吾編著『新造形表現　理論・実践編』三晃書房，2009年
◎ 林健造・黒川建一・福井昭雄編著『幼児教育法シリーズ　絵画製作・造形』東京書籍，1986年
◎ 村田夕紀『0・1・2歳児の造形あそび実践ライブ』ひかりのくに，2012年
◎ 村田夕紀『3・4・5歳児の楽しく絵を描く実践ライブ』ひかりのくに，2012年
◎ おかもとみわこ・大沢裕編著『新・保育内容シリーズ・6　造形表現』一藝社，2010年
◎ 芸術教育研究所監修，松浦龍子著『保育のプロはじめの一歩シリーズ／1　クレヨンからはじめる幼児の絵画指導』黎明書房，2008年

第5章

乳幼児の身体表現

身体表現とは，形が決まったものを子どもが体を使って表現することにより，「自分のイメージを動きや言葉などで表現したり，演じて遊んだりするなどの楽しさを味わう」と幼稚園教育要領にもあるように，まず子ども自身のイメージがあり，そこから子ども自身が体を動かしたくなる，動かして表したくなるような表現のことを指す。
本章では，その身体表現の技術的側面だけではなく事例等を通して，子どもの内面的育ちに焦点を当てる。

 第1節 乳幼児期の身体表現とは

1 身体表現とは

　身体表現にとって，自分の思いを自分なりに表現する場があることが大切な要素の一つである。一人であっても，友達と一緒であっても，どのような時間であっても，場所や形式や方法等にとらわれない自由感があることが大切である。

　そのような場では，保育者との信頼関係の構築はもとより，正しい正しくないという尺度で評価せずに，ありのままに子どもたちの表現を受け入れることが大切なことになるだろう。

　身体表現というと，どのようなものが思い浮かぶであろうか。ダンス，劇，リズム体操であろうか。

　これらの表現活動は子どもたちが興味関心をもちやすいものであるにもかかわらず，指導によっては，保育者主導で画一的になる場合がある。

　そうなってしまった場合，これらの表現活動は，形式的なものとなり，一人ひとりの子どものイメージから乖離（かいり）してしまう可能性がある。

　たとえば，ダンスの場合，振り付けをすべて保育者が決め，それを子どもに伝えるだけの活動であった場合，そこから子どもは何を学ぶのであろうか。

　子どもたちは指示どおりに動くことは学ぶかもしれない。しかし，そ

第5章 乳幼児の身体表現

れがのびのびとした表現といえるだろうか。また，幼稚園教育要領の様々なところに書かれている「自分なりに」という言葉を大切にできているだろうか。

　保育者が決めた振り付けを覚えて，踊る。これでは，保育者のイメージを体で表現しているに過ぎない。つまり，子どもの内面的な育ちが少なくなってしまい，「自分なり」の表現とはいえない。

　では，身体表現が「自分なり」の表現になるにはどうしたらよいだろうか。保育者が振り付けを決めてはいけないということではない。子どもにとって模倣する楽しさもある。しかし，身体表現は模倣だけが大切なわけではない。

　子どもは豊かな感性をもっている。少ない知識をつなぎ合わせ，組み直す想像力をもち合わせている。また，体を動かし表現することに興味をもつ子どもは多い。そうであれば，子どもが自然と体を動かしたくなる環境をつくること，子どもの想像力を受け止める環境（保育者を含む）があることが重要であろう。

　また，身体表現は自由遊びの時間に見られることも多い。ごっこ遊びがその代表的なものとなる。それらの遊びを深めることにより，「自分なり」の表現がさらに充実したものとなるだろう。

2 身体表現の多様性

　古市は身体表現のいろいろな側面として，表5-1のように13項目を挙げている。

表5-1　身体表現のいろいろな側面

①	感情が表出する：	生命力の躍動により，心が震え身体が動く。
②	楽しい時間をあそぶ：	一人で踊りに夢中になることもあれば，集団であそぶ楽しみもある。
③	模倣の欲求を満たす：	目にしたものを自分もやってみたいという気持から，身体がその形や動きをなぞっていく。
④	イメージを形にする：	抽象的なイメージも，身体を使って動きや形にする。
⑤	心の解放が行われる：	心にうずまくものを身体の外に出して，エネルギーの発散が行われる。
⑥	同調欲求を目指す：	周囲と合わせていこうとする生物の本能により，リズムを合わせていくことで，快感情を得る。
⑦	交流欲求を満たす：	人と交わりたいという本能に基づいて，あるいは必要性から表現が行われる。

⑧	演じる機会：	人の前で演じる機会が，意識的に，組織的に行われる。
⑨	空想世界にあそぶ：	子どもは現実と非現実の間を行ったり来たりして，空想世界をあそぶことができ，その両方を楽しむ。
⑩	創造力を刺激する：	創る楽しさを体験しながら，創造力を刺激する。
⑪	鑑賞を楽しむ：	観ることは，表現のイメージを自分の中に創っていく機会になる。
⑫	文化の伝達：	歴史の中の一人として，昔のしぐさやあそびを次の世代に伝えていく。
⑬	自己確認ができる機会：	表現しながら他人との区別が認識され，自分の位置が確認できる。

古市久子『保育表現技術』より抜粋

　このように，身体表現には多様な側面がある。身体表現独自のものもあれば，表現もしくは保育全体に関わる側面もある。
　また，表現する側，それを受け止める側，両者それぞれの重要性が書かれている点も見逃せないだろう。
　領域「表現」は「感じたことや考えたことを自分なりに表現することを通して，豊かな感性や表現する力を養い，創造性を豊かにする」領域である。先のダンスの例のように，保育者が決めたことに従うことで〈言われたことができる子〉にはなるかもしれないが，〈自分で考え行動する子〉になるのであろうか。これは，身体表現に限ったことではないが，保育者一人ひとりが考えなければならないことであろう。
　また，領域「表現」の内容の取扱い（3）には「他の幼児の表現に触れられるよう配慮したりし，表現する過程を大切にして自己表現を楽しめるように工夫すること」とある。これは，古市のいう同調欲求，交流欲求，自己確認等とも関連する部分である。他の幼児の表現に触れ，また，刺激し合うことにより新たな表現が生まれる。その過程を大切にしていくことは身体表現でも欠かせないのである。

第5章 乳幼児の身体表現

第2節 保育所，幼稚園の身体表現の実際1

　T幼稚部では，年間を通してあらゆる場面で身体表現遊びを行っている。遊びであるからこそ，可塑的であり，流動的なものが多い。子どもの興味関心を見つめ，様々な遊び，活動へと発展させていく。子どもの興味関心は一つではなく，その過程において，様々な分野へと遊びが移り変わったり，同時並行的に行われていたりする。たとえば，電車ごっこをしている子どもたちが，駅をつくる，看板をかく，車掌になる，『せんろはつづくよどこまでも』を歌っている……というように，造形，音楽，身体表現といったカテゴリーは遊びの中では意識されない。だからこそ，身体表現のみで記述することはむずかしいことが多いのだが，以下の事例は，様々な要素がある中での身体表現に焦点を当てたものである。

1　3歳児年少組1学期の様子

　まずは幼稚園生活，集団生活に慣れることを目的とした年少組の1学期最初には，軽快な音楽や一緒に歌える歌等を流して，自由に身体を動かしたり，歌を歌ったりすることを楽しんでいる。

　その時間を保育者や友達と共有することで，楽しさを分かち合い，共感することの心地よさを味わう。自由に身体を動かすことが楽しい，と感じることができたら，それは「自己表現」の一歩である。

　しだいに，保育者のまねをして，同じ振りをしながら「まねっこダンス」をしたり，ヒーローやヒロインになれる音楽をバックに，イメージの中で役になりきって踊ることを楽しんだりするようになる。

　「まねっこダンス」とは，音楽に合わせて，保育者の単純な動きをまねするだけである。保育者の動きを見て，同調することで保育者との信頼関係を構築する。慣れてくると，保育者ではなく，友達の動きをまねしたり，まねされたりするような遊びになることもある。

　ヒーローやヒロインになりきることは，遊びの中でよく見られる子どもの姿であろう。そこにBGMを流すことにより，子どものイメージがさらに広がる効果が見られる。ただし，子どものイメージに合わない音楽であれば，その効果はマイナスに転じる。つまり，音楽が最初からあるのではなく，子どものイメージが先にあり，そのイメージを保育者が

理解をし，BGMを提供するのである。

「よく見る」「イメージをもつ」「こうなりたいと思う」ことは，表現するために大切な基盤となる。その思いがあって初めて「この思いを表現したい」という気持ち，言動につながる。このような体験の蓄積が「身体を動かすことの気持ちよさ」「自分を表現することの心地よさ」という成長に欠かすことのできない感情になっていく。

2 3歳児年少組のある日の表現遊び

事例1

クラスのみんなで「もうじゅうがりにいこうよ」（図5-1）を歌い，最後に保育者が言う動物の文字数の人数の小グループに分かれる（ただし3歳児なので，正確な数のグループになることより，友達と一緒になることを認めていく）。グループごとに手をつなぎ座る。

次に「お舟はぎっちらこ」（図5-2）を歌いながら，手をつないだまま舟をこいだり，魚を釣ったりするまねをする。

舟をこぎつつ，魚を釣ったり，サメに追いかけられて急いでこいだりと，様々な表現を楽しむ。

そして，島に到着。こぐのをやめる。その島にはたとえば，宇宙人がいて言葉が通じない等という設定にする。

「さあ，どうやって話をすればいいかな？」等とみんなで相談する。

「宇宙人ってどんな人だろう？」「言葉が分からないなら『こんにちは』の挨拶のときはおじぎをするとか？」等という子どもの意見を取り入れ，宇宙人とコミュニケーションをする表現をし，次の島に移動すること

第5章 乳幼児の身体表現

する。

　次はどのような島に到着するかについても，子どもの意見を取り入れる。それを何回か繰り返す。しだいに，子どもたち自身から動いたり，アイデアを発信したりするようになり，自由な発想が飛び出す。保育者はその発想をできるだけ取り入れ，子どもたち全員と共感し合えるような表現の場としていく。

　保育者の働きかけにより，同じイメージの中で同じ動きをすることを楽しんだり，友達と手をつなぎ，身体を触れ合わせることを心地よいと感じたりすることができる活動である。

　「心地よさ」「楽しさ」という感情が働くことは，子どもにとって成長のきっかけにもなるし，こういう時間を友達と一緒に過ごすことを「居心地がよい」と感じることにもつながる。このような経験を繰り返すことで，次は自分から行動したいと考えたり，自分のアイデアをみんなに伝えたいと感じたりするようにもなる。個々によってこういう時間の参加方法は様々であり，積極的に参加する子もいれば，その場にいるだけで精一杯の子もいる。それぞれの様子を保育者はよく把握しておくことが大切である。

図5-1　幼少年教育研究所編『新版　遊びの指導』より抜粋

図5-2　小林美実編『続　こどものうた200』より抜粋

第5章 乳幼児の身体表現

第3節 保育所，幼稚園の身体表現の実際2

Y幼稚園の事例

1 ごっこ遊び

自由遊びの中のごっこ遊び

　子どもたちは園生活の中で，日々ごっこ遊びを自分たちでつくり出して楽しんでいる。身近な家族の役割をごっこ遊びの中で取り替え合って，お父さんお母さんになったり，想像の世界の中の憧れているもの，かわいいもの，きれいなもの，人や生き物でないものにもなりきったりして，身体を動かし遊びに没入する様子は，今も昔も子どもたちの生活の中で自然に生まれてくる遊びの形といえる。

　Y幼稚園の創設者，藤田妙子は著作の中で以下のようにごっこ遊びと表現について述べている。

> 　子どもは何かを想像したり，喩えたりすることが簡単にできるうえに，生物はもとより無生物に対しても，自分の仲間であると感じる（アニミズム）心をもっています。そうした心から生まれるごっこ遊びのなかに，子ども自身は自覚していないけれど，何か独創的な表現がよく見かけられるのです。（中略）「ごっこ」には一応筋があります。劇的な進行をする場合もあり，それが毎日のように同一テーマで，筋を発展させているごっこ遊びも見られます。[1)]

ごっこ遊びの様子（遊びを通じた関わり合い）

事例2

　花になった子どもたちが園庭で遊んでいた。そこにチョウ（の子どもたち）が「お花さん，蜜をください」とやってきた。小鳥やハチ，テントウムシもやってきて，みんなおいしい蜜を分けてもらった。

　「ハチミツケーキをつくりましょう」という子がいて，砂でケーキをつくったり，庭に落ちている花びらを拾いにいった。ケーキがたくさんできたので，花びらをケーキに飾ってパーティーが始まった。

　「何をしているの？」とほかの子もやってきてパーティーに加わった。

事例3

　カッパの子どもがカメやお魚と遊んでいた。おなかがすいたので好物のキュウリを探していたが，いつもおいしいキュウリが食べられるようにと，みんなで畑をつくることにした。
　そこに元気のよいワニがやってきた。ワニが大きな声を出したので，びっくりしたカッパは泳いで逃げ出した。
　カッパたちがジャングルジムのところまでいくと，船（ジャングルジム）に乗っている子どもたちがいたので乗せてもらった。
　海に出たところで，釣りをしたら大きな魚がたくさん釣れた。釣れた魚をもってキュウリ畑に帰り，みんなでパーティーをした。

　事例2では，初めにごっこ遊びをしていた子どもたちの動きにつられて別の子どもが遊びに加わっていく様子が見える。
　事例3は，カッパの出てくる絵本のお話の世界からごっこ遊びが始まったが，絵本には出てこない生き物や，周りで遊んでいる子どもとの関わりの中で遊びが広がっていった。

ごっこ遊びを広げる工夫

　Y幼稚園では子どもたちが自由に身に付けて遊べる冠物（かぶりもの）や小道具等を用意し，屋内外に出している。子どもたちはラックに掛けられたいろいろな冠物の中から，そのときどきに自分のなりたいもの，好きな冠物を身に付け，動物になったり，お花になったりしながらごっこ遊びの世界を広げている。
　用意する冠物類は，子どもたちの要望によって制作されることもあり，子どもが魅力を感じる色調のもの，季節やそのときどきに子どもが楽しんでいる世界に関わりのあるものを中心にして入れ替える。

第5章 乳幼児の身体表現

　冠物や小道具がなくてもごっこ遊びは楽しめるが，このような道具があることで，子どもたちの想像力を刺激して，表現の世界に没入して楽しむきっかけをつくることができる。
　冠物や小道具は，保育者たちが考えて紙や布を使って制作している。
　また，保育者も子どもと一緒にごっこ遊びに加わり，一緒に冠物をつけて自分もそのものになりきって，子ども以上に遊びの世界に入り遊ぶ。
　そのほか，子どもの自由な世界から，動きのあるごっこ遊びの世界が展開されることもある。

2 歌ったり踊ったり

みんなで歌う

　歌を歌うとき「大きな声で元気よく」と子どもががなり声を出すことを止めないで，むしろ奨励してしまうケースが一般にあるが，このような指導は，音楽に対する子どもの繊細な感性を粗雑なものにしてしまう。
　歌を歌うときは，第一に豊かな情緒を子どもが感覚的に受け止められる曲と詞のある曲，子どもたちの発達に合わせた歌いやすい音域，美しいメロディーと童心のある歌詞の曲を選び，正しい音程やリズムで繰り返し歌いながら歌詞が頭に入るように，歌の雰囲気を楽しめるように歌うよう心がけている。

踊りのある歌を楽しむ，音楽に合わせて踊る

> 　リズミカルな音楽は人の心を明るくし，思わず体を動かしたくなるようなはずみを与えてくれます。また，静かに流れるような曲をきくと，ゆっくりと体をゆすりながら優美に踊りたくなるものです。（中略）音楽と踊りの間には密接な関係があります。幼児でも，音楽がきこえると，それにのって即興的に踊り始めるものです。[2]

　歌に合わせて身体を動かしたくなる楽しい歌，テンポのよい歌では，歌に振りを付けて踊りながら歌うとより楽しくなる。
　踊りの振りは曲に合わせて，手先のあて振りではなく，歌の世界を感じられるように，子どもたちの年齢や発達に合わせて踊りやすいものを工夫する。
　屋外や広い部屋を使って，歌のない音楽を流しながら自由に踊って遊

ぶことも楽しめる。

　フォークダンスも，二人組，数人組になって踊ったり，みんなで一緒に音楽に合わせて踊ったりする楽しさを味わうことができる。

　踊りも，保育者が身体を精一杯使って踊ることで，子どもの動きが大きくのびやかな表現へとつながっていく。

　保育者が子どもたちの前に立って身体の動き方を示すときは，動きがわかりやすいよう，状況に合わせて「鏡合わせ」の動きをすることもある。

3　自由表現

ごっこ遊びから「自由表現」へ

　ごっこ遊びから生まれる遊びの世界，お話の世界に音楽と身体の動きを組み合わせて踊って遊ぶ活動を，Y幼稚園では（身体の動きによる）「自由表現」と呼んでいる。

　「自由表現」はお話の世界に浸って音楽を感じながら自由に身体を動かして楽しむので，決まった踊りの振りはなく，そのときどきに自分がやりたいものになって表現を楽しむ。

> 　保育者としては，子どもたちが自由表現をしたい気持ちになっているそのきっかけをつかむことが第一です。同時に保育者自身が，自由表現をしてみたいと思うことが必要なのです。幸いそのきっかけを捉えたら，それを一層深め，追求することによって，子どもたちの興味を引きつけ，盛りあげることも必要になります。[3]

「自由表現」の流れと工夫

　「自由表現」は子どもの遊びの中から生まれるが，保育者が遊びの中から話を拾い，表現としての形を整えて，みんなで楽しめるように準備する必要がある。

　準備の一例としては，保育者は日常の子どもたちのごっこ遊びの中で，イメージ豊かな場面，みんなが盛り上がって楽しんだ場面等をメモしておく。

　拾い集めたいくつかの場面を一つの流れにつないで，子どもたちと楽しめそうな形になったら，そこにどんなものが登場するか確認し，全体のバランスを見て，そのときどきに子どもが自分のなりたい役になれるように，数にゆとりをもって冠物や小道具を用意する。

また場面に合わせて踊りやすい音楽（BGM）を選んで編集し,「自由表現」を行う場所に合わせて，おおまかな動きの構成を考える。

音楽（選曲や曲の長さ等）や動きの構成は，子どもたちが無理なく「自由表現」を楽しめるようにするためのものなので，実際に子どもたちとやってみて動きにくいところがあれば，そのつど修正していく。

子どもたちと新しい「自由表現」を行うときには,「自由表現」の世界（流れ）をペープサート等で伝える「お話見せ」等，音楽を流しながらの導入をして興味を盛り上げつつ，みんなでなりたいものになって「自由表現」を行う。

「自由表現」は，特に練習のために何度も繰り返したりはせず，瞬間的でその場限りで消えるものである。

子どもたちと楽しめる範囲で何回か同じ「自由表現」を楽しむことはあるが,「自由表現」は行事のためでなく，日常の保育の中で行ったりその他の活動と連動したりすることもある。

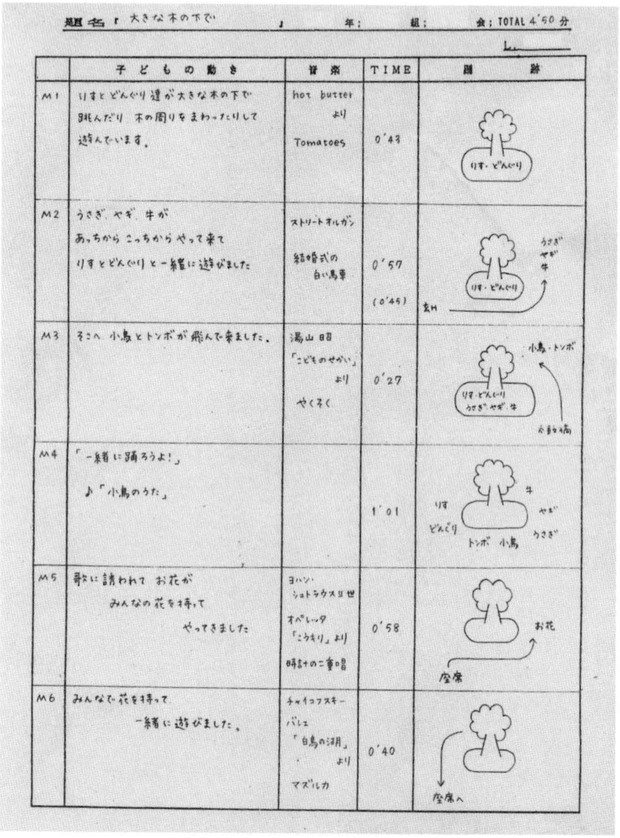

題名「大きな木の下で」　年；　組；　会；TOTAL 4'50 分

	子どもの動き	音楽	TIME	[illegible]
M1	りすとどんぐり達が大きな木の下で跳んだり 木の周りをまわったりして遊んでいます。	hot butter より Tomatoes	0'43	りす・どんぐり
M2	うさぎ，ヤギ，牛が あっちから こっちからやって来て りすとどんぐりと一緒に遊びました	ストリートオルガン 結婚式の白い馬車	0'57 (0'45)	うさぎ ヤギ 牛 りす・どんぐり 玄H
M3	そこへ 小鳥とトンボが飛んで来ました。	湯山昭「こどものせかい」より やくそく	0'27	小鳥・トンボ りす・どんぐり うさぎ・ヤギ・牛 公演場
M4	「一緒に踊ろうよ!」 ♪「小鳥のうた」		1'01	牛 りす ヤギ どんぐり うさぎ トンボ 小鳥
M5	歌に誘われて お花が みんなの花を持って やってきました	ヨハン・シュトラウスⅡ世 オペレッタ「こうもり」より 時計の二重唱	0'58	お花 客席
M6	みんなで花を持って 一緒に遊びました。	チャイコフスキー バレエ「白鳥の湖」より マズルカ	0'40	客席へ

図５－３　舞踊劇とオペレッタの例

4 表現の発展

舞踊劇とオペレッタ

「自由表現」はまず表現している本人たちが楽しむことが大切だが、表現を見る人との関わりを感じるきっかけにもつながる。

ほかの子どもたちの表現を見て楽しみ、触発されることもあれば、見ている人たちが自分の表現を見て楽しんでくれる様子から、表現する感動を感じる経験もある。

より豊かな表現を楽しめるよう、Y幼稚園では子どもたちの表現活動の経験や発達に沿って、踊りの約束事（振りや場面構成）を取り入れた舞踊劇や、歌と踊りによってお話の世界が劇として展開していくオペレッタ等の身体表現へと発展させている。

> 子どもには誰にも一度は劇をする経験を味わわせたいものです。そしてどの役の子どもも重い軽いの役の差がなく、皆自分のやりたい役を演じ、楽しく他の役と調和しながらその役に没頭できるような劇がほしいものです。それには、一人ずつのセリフよりも、何人かの集団と集団の歌、または踊りによる対話で劇がなりたっているオペレッタや舞踊劇が適しています。[4]

表現が発展すると同時に、それらが「やらされている活動」ではなく、集団表現としての約束事を守りつつ、それぞれが自分自身の表現したい気持ちをもって身体表現を楽しめるように、表現活動に関わる保育者には一層の準備や指導の工夫、そして何よりも、子ども以上にその世界を楽しみ、子どもと共有する世界に陶酔できることが必要になる。

第5章 乳幼児の身体表現

第4節 保育所，幼稚園の身体表現の実際3

　本節では，劇遊び，朗読劇の台本をもとに身体表現について考えていく。劇遊びについては第6章第2節に詳しく意義等について述べているので，そちらを参照すること。

劇遊び　－日本民話「3枚のお札」－

　本シナリオは，劇遊びの実践記録をもとに作成されている。シナリオ中，おもに数多く交わされる基本ラインの会話を載せているので，実際に行う場合は，この限りではない。保育者は，様々な，また突発的な子どもたちの反応に，順応しながら進行することである。

準備物：木魚・トライアングル・シンバル・打楽器系のもの等・ピアノ
　　　　（各場面に合ったリズム曲があることが望ましい）
T：先生・保育者
子：子どもたち
※註　C.M：Creative Movement（身体表現）

〈導入〉

T：これから3枚のお札のお話をします。お話をよく聞いて，お話に出てくるいろいろな役のまねをしたり，思いついたことを言いながら，楽しんでいきましょう。
　そうそう，お話に出てくる「大きな火」ってあるんだけど，どんな火かなぁ。身体で表現してみよう。（C.M：火）
　それから，「大きな水」も出てくるけど……。（C.M：水）
　いいですねぇ。それでは，お話を始めましょう。

〈展開〉

T：昔々あるところに，山寺がありました。山寺って知ってる？
子：知ってるぅ。
T：誰が住んでるの？
子：和尚さん，小僧さん！

Ｔ：そうだね。いつも，和尚さんたちは何をしてるのかな？

子：お掃除。お経読んでる。

Ｔ：では，みんなでやってみましょう。

（みんなでお掃除やお経を読む活動）

※ここからは，台詞のまねをさせたり，どう反応するかを見定めながら
　進行する。繰り返し言わせる部分と，ときに指導者が，片方の役になっ
　て子どもたちからの言葉を待つ部分もある。台詞を全部言わせるので
　はなく，ポイントになるところを言わせ，できるだけ子どもたちから
　言葉を引き出す雰囲気をつくる。

Ｔ：すると和尚さんが，小僧さんを呼んで言いました。
　　「小僧さん，小僧さん。お願いがあります」

子：「何ですか，和尚さん」（何々？　等の反応あり）

Ｔ：「そろそろ，お彼岸なので，裏山へ行ってお花を摘んで来てくれな
　　いかね？」
　　小僧さんは，「はい，かしこまりました」と言いました。
　　みんな言えるかな？

子：言えるよー。「はい，かしこまりました」

Ｔ：「たくさんの花があって，楽しいかもしれないけど，夕方遅くなら
　　ないうちに帰ってくるのじゃぞ。あまり遅くなると，山姥が出るか
　　らな。たのんだよ。いってらっしゃい」

子：「はい！　いってきます」

Ｔ：「あぁ，これこれ，もし山姥が出るといけない。そのために，この
　　お札を持っていきなさい。願い事を聞いてくれるお札じゃからな」
　　そう言って，和尚さんは，小僧さんに３枚のお札を渡しました。
　　（マイムで表現する）

Ｔ：「気をつけてな」

子：「はい！」

Ｔ：そう言うと，小僧さんは元気いっぱいに（スキップして）出かけて
　　いきました。（ピアノでスキップ曲）
　　裏山に着くと，たくさんのお花が咲いていました。小僧さんは，い
　　ろいろな色のお花を摘み始めました。

※無対象の活動だが，ここまでの火や水の身体表現，掃除や読経，お札

第5章　乳幼児の身体表現

　　を渡すマイム等を通じて，子どもたちにも見えないものが見え，自信をもって活動できるようにする。そして，近くの友達同士，先生たちに，「見えないお花」を見せ合ってみる。

T：するとそこに，おばあさんがやってきました。おばあさんは，小僧さんに言いました。
　「小僧さん，ちょっとお願いがあるんだけど……」
　みんなもおばあさんに変身！　おばあさんになって言ってみて。

子：「小僧さん，ちょっとお願いがあるんだけど……」

T：「もうすぐお彼岸になるので，亡くなったおじいさんにお経を読んであげてほしいんだけどねぇ」
　お経をあまりよく知らない小僧さんは，
　「お経……ですか……」と言いました。（促すように）

子：「お経……ですか……」

T：「あまりよくわかんないけど，おばあさんのお願いじゃあ，断れないしなあ」心のやさしい小僧さんは，どうしたと思う？

子：読んであげる。

T：じゃあ，なんて言ってあげようか？

子：「いいよー，読んであげる」等。

T：そう言って，おばあさんの家へ行ってあげることにしました。おばあさんの家は，山の上のほうです。ゆっくり，ゆっくり登っていきます。

※二人組になって，じゃんけんで役を決め，小僧さんがおばあさんの歩くのを手伝ってあげる活動をする。途中で役を交代する。

T：やっと，おばあさんの家へ着きました。小僧さんは，さっそく仏壇の前に座ると，お経を読み始めました。

T：お経，言える人いるかな？

※いる場合は，みんなでまねしてみる。でたらめでもよい。人前でやってみる試みや勇気が大切。

例）「ナンマイダ，ナンマイダ……よく分からないけど，ナンマイダ。おしまいだぁ。チーン！　終わりました」
　子どもたちがついてこられるくらいの速さで。木魚，トライアングル

等で効果を出す。

T：おばあさんは，「ありがとうございました。さあさ，これをおあがり」
　　言えるかな？
子：「ありがとうございました。さあさ，これをおあがり」
T：と言って，おまんじゅうやら団子やらをたくさん出してくれました。
　　小僧さんはおなかがすいていたので，
　　「うわーっ，いったださまーす！」
　　（子どもたちも一緒に言えるタイミングで）
　　パクパク，むごむご……「ごちそうさまでした」
　　でもその後，おなかいっぱいになった小僧さんは，眠くなって寝て
　　しまいました。
　　（子どもたちも一緒に寝る「ＺＺＺＺ……」）
　　ふと眼を覚ますと，何やら音がしています。
　　「シュッ！　シュッ！……」
　　（子どもたちも一緒になるまで何回か続ける）

※こうしたまねをする活動で，先生の後について同様の発言や活動が自
　　然にできるようになったり，あるいは子どもたち自らが考えた言葉が
　　出てくることが望ましい。

T：何の音かと，隣の部屋をのぞいてみると，山姥が包丁を研いでいる
　　音でした。頭には大きな角が２本，どんな角だと思う？
子：こんなの，ジャキーン！
　　（身体表現や擬音を出しながら表現させるよう促す）
T：髪の毛は……バサバサ！
子：バサバサ！
T：大きな口は耳まで裂けています。ブゥワ〜！
子：ブゥワ〜！
T：怖くなった小僧さんは，思わず「あっ！」
子：「あっ！」
T：と声を出してしまいました。山姥は，ギロッとにらむと，
　　「み〜た〜な〜！」
子：「み〜た〜な〜！」
T：そして，あっという間に小僧さんを，ひもでぐるぐる巻きにしてし

119

第5章 乳幼児の身体表現

　　　　まいました。グルグルグルのキュッ！
　　　　（ひもで巻いてしまうマイム）
- T：みんなも一緒に……。
- 子：グルグルグルのキュッ！
- T：「たすけてぇ〜！」
- 子：「たすけてぇ〜！」
- T：山姥は「だめだ！」
- 子：「だめだ！」
- T：何とかして逃げる方法を考えた小僧さんは，「おらぁ便所にいきてぇ」言える？
- 子：「おらぁ，便所にいきてぇ」
　　　（このあたりから，子どもたちは小僧役を多くやり始める）
- T：（山姥）「だめだ！」
- T：（小僧）「あ〜がまんできねぇ，もれるぅ」
- 子：「あ〜がまんできねぇ，もれるぅ」
- T：すると山姥は，「しょうがない，早く行け。逃げるなよ！」
　　便所に行った小僧さんは，どうにかひもをほどくと，便所の柱にひもを縛ってお札を貼り，

※ゆっくりと，子どもたちがまねしやすいようにマイムで表現する。

- T：「おらの代わりに『まぁだ，まぁだ』と言ってください。パンパン，お願いします」
- 子：「パンパン，お願いします」
- T：そして，そーっと逃げました。山姥が「小僧まだか？」と言うと，柱が「まぁだ，まぁだ！」と言いました。さあ，みんなで……。
- 子：「まぁだ，まぁだ！」
- T：山姥がまた「小僧まだか？」と言うと，
- 子：「まぁだ，まぁだ！」
- T：「まだか？」
- 子：「まぁだ，まぁだ！」
- T：「え〜い，遅いわ！」と言って，ひもをぐいと引っ張ると，便所が「ドンガラリン！」
- 子：「ドンガラリン！」
- T：と壊れてしまいました。「小僧，逃げたなあ！　待てーっ！」

ものすごい勢いで小僧さんを追いかけてきました。
　　「待〜て〜！」

※ここは，本気の追いかけっこになるが，途中から「その場かけ足」の
　ようにすると，子どもたちも表現しやすくなる。

Ｔ：追いつかれそうになった小僧さんは，お札を出して，
　　「大きな水，出ろ！」
子：「大きな水，出ろ！」
Ｔ：どんな大水かな？
　　（子どもたちが一人から集団で大水が流れる様子や大波を身体表現しやすいよ
　　うな言葉がけを心がける）
Ｔ：大水に流されそうになった山姥は，その水を「ガバ〜ッ！」
子：「ガバ〜ッ！」
Ｔ：と全部飲みほしてしまいました。そしてまた小僧さんを追いかけて
　　きます。「待〜て〜っ！」小僧さんは，またお札を出して，
　　「大きな火，出ろ！（ピアノ 火）」
子：「大きな火，出ろ！」
　　（一人から集団で大きな火の身体表現）
Ｔ：大きな火で，髪の毛がチリチリになりながら，山姥はさっき飲みほ
　　した大水を「ドバ〜ッ！」
子：「ドバ〜ッ！」
Ｔ：と吐き出すと火は，「シュ〜……」
子：「シュ〜」
Ｔ：と消えてしまいました。山姥は，またまた追いかけてきます。

※お札３枚で解決しなくてもよい。逆境を乗り越えるべく，いろいろな
　お札の活動（雷・壁・光線銃・怪獣・風・竜巻・なぞなぞ・コチョコチョ……等）
　をする。子どもたちからいろいろなアイデアが出やすいように，初め
　は先生がたからの提案があるとよい。歌，ダンス等で山姥を楽しさに
　巻き込んでしまうこともよい。しかし，なかなか手ごわい山姥であっ
　てほしい。

Ｔ：やっとのことで，山寺に戻ってきた小僧さんは，「和尚さ〜ん！」
子：「和尚さ〜ん！」

第5章 乳幼児の身体表現

T：和尚さんは，あわてることなく「ここへ，隠れておれ」と言いました。
子：「ここへ，隠れておれ」
T：小僧さんは押し入れに隠れました。
　（隠れるマイム）
T：そこへ山姥がやってきて，「こら，和尚。小僧はどこだ！　隠すと，おまえも食っちまうぞ！」と言いました。
子：「おまえも食っちまうぞ！」
T：すると和尚さん，「まあ，餅でも食わんか？」
子：「まあ，餅でも食わんか？」
T：はらぺこ山姥は，「お，うまそうだな」そう言って，餅を食べ始めました。

※山姥になって餅を食べるマイムを表現する。この後も，山姥になったり，和尚さんになったり，両方のキャラクターを楽しめるように。

T：和尚さんは，山姥に聞いた。
　「おまえさんは，大きなものに化けられるかのう？」
子：「おまえさんは，大きなものに化けられるかのう？」
T：「そんなもん，わけないわ」
子：「そんなもん，わけないわ」
T：山姥は，みるみる大きな大入道に化けた。
　（イメージで大入道の身体表現に導く。指導者は大入道のイメージが湧くマイムで）
T：「どうだぁ，和尚！！」
子：「どうだぁ，和尚！！」
T：和尚さんは，「おお，すごいすごい」
子：「おお，すごいすごい」
T：「今度は，小さなものには，化けられるかのう？」
子：「今度は，小さなものには，化けられるかのう？」
T：「ふん，わけないわ」
子：「ふん，わけないわ」
T：そう言うと，あっという間に，小さな豆粒になった。
　（ひゅ～…といって小さな豆粒になる）
T：「ドウダ，オショウ……」
子：「ドウダ，オショウ……」

T：すると和尚さんは，持っていた餅に，その豆をポンと挟むと，
　　（子どもたちと一緒にできるようにタイミングを計りながら）
T・子：もぐもぐもぐ，「ああ，うまかった」と食べてしまいました。
T：こうして，和尚さんと小僧さんは，山寺で平和に暮らしましたとさ。
　　とっぴんぱらりのぷう。お話はこれで，
T・子（一緒に）：「お・し・ま・い」

　劇遊びにおいては一連のストーリーに沿った活動となるが，「遊び」である以上，子どもたちにとっては，劇に対して自ら活動を楽しめる環境・状況・ストーリー展開であることが望ましい。

　保育者側にとってみると，どうしてもこうあってほしいと結末を急ぐことになりやすいが，遊びの展開はあらゆる可能性を秘めているからこそ楽しいのであって，決められた内容を押しつけたのでは子どもたちの楽しみは半減してしまう。劇遊びは，話をしながらの活動であるので，保育者の話法でいかに子どもたちの興味・関心を引きつけられるかがポイントである。

　幼児にとっても自己表現は，自分自身の内面に深く根ざしている。ゆえに，他者から言われて，ただ表面的にまねるのではなく，内面に受け入れたイメージを土台に，こうしてみたい，こうありたいという意欲を具体的なものとして外へ表すのが表現活動である。

　ことに，幼児の生活の中で表現する力を育てるということは，日常の人間関係での相手の心の読み取りや，相手に対する意思伝達を大切にすることであって，それが「表現」の最終的な目標である。音楽表現，造形表現，劇的表現等を教えることに目的があるのではなく，日常の人間関係の中で豊かな表現力をもって，自ら心豊かな人生を送る能力を育てようとすることである。

 ## 第5節　保育所，幼稚園の身体表現の実際4

1　0歳児の共感的応対

事例4

① 午睡で，すぐに眠る子どももいれば，保育者が抱っこしてあやすこともある。ごきげんなときは「シーアーンー」と高音で鳥がさえずる

第5章 乳幼児の身体表現

かのように声を出すS君。保育者がまねして同じように声を出すと，「フフーン」とにっこり笑う。保育者が静かな歌等を歌って抱っこしたまま身を揺するとすぐ眠る。その間，確かめるようにS君は保育者の顔を数回見る。

② うとうとしていたかと思うとすぐ起きるMちゃん。自分が目にするいろんなものを指さしては「ウー」と言ったり，保育者の鼻歌に合わせて，身体を起こして左右に揺らしたりする。

ある時は口をとがらして頬をへこませる。その顔が愉快なのでまねすると，目が寄るくらいになるまでこちらを凝視しては「ハハーン」と笑う。そしてまた眠くなると，身体を委ねるように保育者の胸にぴったりとはりついてくる。

保育所保育指針が2018年に改定され，0歳児に関する「乳幼児に関わるねらい及び内容」が新設された（本書第1章第5節2参照）。そのねらい及び内容として「健やかに伸び伸びと育つ」「身近な人と気持ちが通じ合う」「身近なものと関わり感性が育つ」の三つの視点が記載されている（図5-4参照）。

図5-4をみると，養護を背景に，三つの視点が5領域とつながっていることがわかる。領域「表現」は「身近なものと関わり感性が育つ」と強く連続性があることがわかるが，事例は，三つの視点の「身近な人と気持ちが通じ合う」視点が強く表れ出ており，「受容的・応答的な関わりの下で，何かを伝えようとする意欲や身近な大人との信頼関係を育て，人と関わる力の基盤を培う」重要性が感じられる。

この視点が領域「表現」と関連，連続性がないわけではなく，特に5領域が未分化である0歳児においてはひじょうに関連性を有する。

受容的・応答的な関係の中で信頼関係がはぐくまれ，安心，安全であるからこそ，伝えようとしたり，表現しようとしたりするのである。保育者が「大丈夫よ，見守っているよ」というメッセージを送りながら，子どもの心に寄り添い，保育者自身も環境の一つであると自覚して，子どもと接することが大切である。そして，響き合うことを保育者自身も楽しみながら，言葉の獲得の前段階である表現意欲を高めていく。

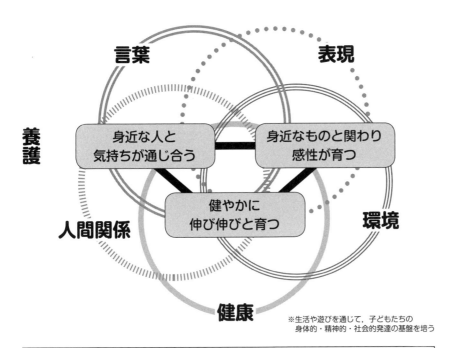

○乳児保育については，生活や遊びが充実することを通して，子どもたちの身体的・精神的・社会的発達の基盤を培うという基本的な考え方を踏まえ，乳児を主体に，「身近な人と気持ちが通じ合う」「身近なものと関わり感性が育つ」「健やかに伸び伸びと育つ」という視点から，保育の内容等を記載。保育現場で取り組みやすいものとなるよう整理・充実。

○「身近な人と気持ちが通じ合う」という視点からは，主に現行指針の「言葉」「人間関係」の領域で示している保育内容との連続性を意識しながら，保育のねらい・内容等について整理・記載。乳児からの働きかけを周囲の大人が受容し，応答的に関与する環境の重要性を踏まえ記載。

○「身近なものと関わり感性が育つ」という視点からは，主に現行指針の「表現」「環境」の領域で示している保育内容との連続性を意識しながら，保育のねらい・内容等について整理・記載。乳児が好奇心を持つような環境構成を意識して記載。

◎厚生労働省「保育所保育指針の改定に関する議論のとりまとめ（平成28年12月21日）」

図5-4　0歳児の保育内容の記載のイメージ

第5章 乳幼児の身体表現

2 親子による身体表現（0，1，2歳児）

事例5

　保育所では，行事等の場面において，子どもだけでなく，親子で関わる場面がある。近年，モンスターペアレンツという言葉が生まれたが，すべての親がモンスターなわけではない。また，育児不安等を抱える親が増えたともいわれるが，これには，1989年の「1.57ショック」[注1)]頃に始まる少子化の影響で，子どもと関わる機会が少なく，その育ちについてもよく知らないまま，親になった人々が増えてきていることが関係していると思われる。知らないのであるからこそ，不安に思うこともあるのだろう。

　また，子どもの育ちを知らないということは，子どもとの遊びも知らないことにもつながるのである。そうであれば，園で親子の遊びを伝え，それが家庭に伝播していくと，親は少しでも子どもと楽しい時間を過ごせるのではないだろうか。特に，0，1，2歳児であれば，スキンシップや身体表現の遊びを子どもは喜ぶことが多いので，親子で楽しむには最適といえよう。

「おおかみさん」

　「おおかみなんかこわくないよ　おおかみさーん」と親子で歌い，おおかみ役の保育者から逃げる。衣装等何も身に付けなくても親子で手をつないで輪になり，室内をてくてくと散歩するみたいに歩くだけでも楽しめる。家庭では，父親をおおかみに見立て，逃げることを楽しんでもいいだろう。

おいものてんぷら

　子どもをおいもに見立てて，調理して天ぷらにする表現を親子でしながら，スキンシップをする遊び。

　「おいものてんぷら，チーン」とリズミカルに大人が子どもの全身を手で刻むようにマッサージするところから始まる。

　「粉つけて粉つけて粉つけて，はたいてはたいて粉おとし」等と大人も子どもも動作するイメージが描きやすく楽しめる。

　歌詞も簡単であるので，CDがなくとも，家庭で楽しめる。また，おいもだけでなく，様々な野菜に見立てて遊ぶのも楽しいだろう。

図5-5 後藤田純生『世界のあそび歌40』より抜粋

　近年，保護者対応が保育者の仕事内容の比重として大きくなってきている。これは，保護者自身に問題があることは少なく，先に書いたとおり，少子化等の社会の変容により，親になる前に子どもと関わる経験不足や，保護者自身が子育てしにくくなっている現状等のためである。また，これほどまでに親だけが子育てをしている時代は今までなかった。その中で，幼稚園や保育所ができることはたくさんある。その一つとして，親子で楽しむ遊びの紹介をしていくことは，育児に対する不安を解消する一助となるのではないだろうか。

3 保育者との関わりによる身体表現

歌の振り付けを楽しむ（4歳児6月）

　4歳児6月の帰りの会。担任が「とけいのうた」の前奏をピアノで弾き始めると，クラスの中の3人の子どもたちが，軽く拳を握り，人差し指を立てて音楽に合わせて指揮者のように左右に振り始めた。そして，そこから伝播するように，ほとんどの子どもが全身でリズムに乗り，それぞれが歌を歌うことを楽しんでいるようだった。

　途中，「大人の針と」という歌詞のところでは頭上で手を合わせてとがらせ，背伸びするくらいに大きく伸びをし，反対に「子どもの針が」では，床にしゃがみ込んで背中を丸めて小ささを表していた。

　これらの子どもたちの動作は，保育者の振り付けをまねたわけではなく，保育者の「とけいってどうなってる？」という発話から生まれた動きである。

　保育者の一方的な解釈の時計のイメージではなく，子どもの発想の中から生まれた素朴な表現を生かしていった例であり，だからこそ子どもは，それぞれが歌を歌うことを楽しむことができたのであろう。

　美術教育家で芸術家でもあるブルーノ・ムナーリは，「『感性』や『創造力』は生まれつき天から賦与される，選ばれし者の能力ではない。さらに『クリエイティヴである』とはいわゆる『創作する』ことだけを指すのではない。『クリエイティヴィティ』は日常のふとした場面やささいな場面や瞬間にも発揮されるもの」[5]と語っている。

　つまり，保育の現場で考えた場合，保育者が「日常のふとした場面やささいな場面」に発揮された子どもたちの〈クリエイティヴィティ〉に気が付き，大切にしていけるかということが重要である。先の歌の例であれば，子どもたち自身が歌に振り付けをしたことを認め，そして，その表現を大切にする保育者の心持ちが，子どもたちにとって表現しやすい環境をつくり出しているのである。

① 子どもと共に身体表現をするときの保育者としての配慮とは何か。
② 幼児期の子どもの創造力とは，どのようなものか。
③ 事例の中の子どもたちが主体的に関わっている部分をいくつか選び，考察しよう。

〈注〉
注1　1.57ショックとは，1989年（平成元年）の合計特殊出生率が1.57となり，「ひのえうま」という特殊要因により過去最低であった1966（昭和41）年の合計特殊出生率1.58を下回ったことが判明したときの衝撃を指している。

引用文献

1　藤田妙子『自由表現ABC——幼児の動きのリズム』フレーベル館，1983年，12頁
2　藤田妙子，前掲書，12頁
3　藤田妙子，前掲書，14頁
4　藤田妙子『子どものためのオペレッタベスト4』フレーベル館，1987年，8頁
5　ブルーノ・ムナーリ著，萱野有美訳『ファンタジア』みすず書房，2006年，219頁

参考図書

◎ 古市久子『保育表現技術——豊かに育つ・育てる身体表現』ミネルヴァ書房，2013年
◎ ヴィゴツキー著，広瀬信雄訳『新訳版　子どもの想像力と創造』新読書社，2002年
◎ （財）幼少年教育研究所編著『新版　遊びの指導』同文書院，2009年
◎ 藤田妙子『自由表現ABC——幼児の動きのリズム』フレーベル館，1983年
◎ 小林美実編『続　こどものうた200』チャイルド本社，1996年
◎ 後藤田純生『幼稚園・保育園・お母さんのための　世界のあそび歌40』音楽之友社，1981年

子どもの感性をはぐくむ保育者の役割

本章では，子どもの感性をはぐくむ保育者の役割について，特にごっこ遊びや劇活動の実際を紹介しながら解説する。

幼児期の子どもたちの表現は，しばしば大人にとっては自分本位で独断的に思える。しかしそれらの経験は，子どもらにとっては周囲と自己の関わりを広げていく上で重要なことである。大人には彼らの表現に理解をもち，上手や下手といった安易な評価で受け流すことなく，さらけ出された彼らの心象風景を，愛情をもって受け入れようとする姿勢が要求されるのである。

表現とはまさに自発的作業であり，一方的にあれやこれやと言われてみたところで伸びやかな表現が生み出されるわけなどない。子どもの表現の現象面ばかりにとらわれることなく，豊かな内面活動の機会を保障しつつ，保育者自身が遊び心をもって表現することを楽しむ努力を怠らないことである。

 ## 第1節 豊かな感性や表現する力を養うために

　子どもたちの言動は，曖昧，粗野，衝動的，破壊的なものとして大人の目に映ることがある。秩序だったやりとりに教育の意味を求めてやまない保育者にしてみればなおさらのこと，そうした状況を否定的にとらえることは珍しくない。本来子どもの興味関心は移ろいやすく，変化に富み，とどまることはない。そうした子どもたちの育ちのプロセスや，保育の基本姿勢を理解しつつも，彼らの思いや考えに共感することができず，一方向的に活動の手立てや手順を優先してしまう原因とは何なのだろうか。そこのところを本節では検証していく。

表現と遊び

　保育における遊びについては，幼稚園教育要領では「幼児の自発的な活動としての遊びは，心身の調和のとれた発達の基礎を培う重要な学習であることを考慮して，遊びを通しての指導を中心として第2章に示すねらいが総合的に達成されるようにすること」[1]とされている。また名須川らは，「子どもの活動には，生活に関わる部分と遊びの部分とがあ

第6章 子どもの感性をはぐくむ保育者の役割

るが，子どもの主体的活動の中心となるのは遊びである。遊びは乳幼児の発達に必要な体験が相互に関連しあって総合的に営まれていることから，遊びを通しての総合的な保育をすることが必要である」[2)]と述べている。とかく大人は，子どもの遊びを，言葉遊び，音楽遊び，造形遊び，運動遊び，身体遊び等に分類しがちであるが，未分化な時代を生きる子どもたちを対象とした場合は，彼らの生活（生活感・必要感）に密着した遊びを視座とする必要がある。

青木は「生活による遊びを中心とした幼児教育の実践も，遊びから生まれる文化を創造することより，音楽や造形美術，身体パフォーマンス等既存の歴史的表現教材を教える文化になりさがり，本来，表現芸術のもつ他者や自然との共振・共感という体性感覚が失われている」[3)]と明記しているが，領域「音楽リズム」「絵画製作」がなくなり，領域「表現」として見直されるようになって30年以上を経過した今日においても，多くの保育現場では，芸術文化を教えようとするスタイルは見直されていない。本来，表現芸術とは，遊びや生活の中で生成創造されてきたものである。乳幼児期から幼児期を生きる子どもたちにとって，そうしたプロセスは極めて自然で理にかなったものといえよう。したがって，それらの課題を鮮明にし，子どもの遊びと表現についてさらに注目していくことが求められる。

第2節 遊びの中にある思いやドラマを受容する保育者とは

1 ごっこ遊び・劇遊びの視点

人間関係の未熟な子どもたちは，他人との衝突を繰り返しながら，だんだんと大勢の仲間と遊ぶことの楽しさを覚え，集団への関わり方も学習していく。同時に，遊びの内容も変化し，「うそっこ」の世界と現実の世界を行ったり来たりしながら遊べる「ごっこ遊び」を始める。ごっこ遊びは主体性に富み，自由であり，誰から指示されてやるものではないし，他人に見せるために演じられるものでもない。あくまでも自分たちが楽しむためのものなのである。

ごっこ遊びが子どもの自発的・主体的取り組みであるのに対して「劇遊び」には大人の関わりが不可欠とされる。ただし，主体は子どもであって，大人が子どもを意のままに操ることではない。大人の役割は，あく

までも仕掛人，交通整理役，進行係である。劇遊びは，大人が関与する以上，ごっこ遊びに比べて，大勢の者が参加できるように配慮され，継続性があり，充足感があり，盛り上がりが大いに期待できるよう組織されているが，ごっこ遊びと同様に「自己目的」としての表現活動なのであって，他者のための活動ではない。そのため，とりあげられる内容や題材は，子どもたちの興味・関心に則したものでなければならないし，子ども自身が何より実感できる要素を備えていなければならない。

　また，劇遊びは，「劇」（舞台と客席を分け，見られる側と見る側との関係を前提とする）という概念からは切り離されるべきものである。なぜなら，「劇」には，「伝達」の意識が強く求められるからである。

　表現活動の要素として「自己目的性」と「伝達性」が挙げられる。子どもの発達という観点からすれば，そこにはおのずと順序性があり，まずは自己目的性の開発が優先される。確かな自己活動の機会が保障され，十分な自己発揮がなされたとき，人はみなそれを他者に伝えようとするのであって，そこのところが不十分なまま伝達の意識だけを過大に求められ，自己目的とのバランスを越えるほどになると，内容のない表現になってしまうことがあることを知らねばならない。

2 統合芸術（integrated arts）の視点

　イギリスのピーター・スレイド[注1] は，就学前の子どもたちの表現活動を，狭義の芸術文化（音楽，造形，身体活動）の中だけに意味づけることを否定し，日常的な行為（action）の中にこそ芸術的創造活動の芽生えがあるのであり，人間の発達と芸術教育とを結びつけることこそが，この時期の子どもたちの表現活動において重要な視点であると説いた。

　「幼児が自分の指をしゃぶり，そのぬれた指でテーブルの上に円を描くのは明らかに美術である。ぬれた手で握りこぶしをつくり，ある意味をこめてテーブルをドンドンたたくのは，ドラマであり，音の強弱や拍子にはっきりした興味を持ってたたく場合は，まさに音楽というべきである」[4] といったスレイドの考え方は，その後ブライアン・ウェイ[注2] に継承され，「ドラマ的な身体活動を中核として随所に絵画造形的・音楽的な表現方法を挿入して，変化に富む魅力的な統合プログラム」[5]，すなわち統合芸術（integrated arts）として，各国の芸術教育に大きな影響を与えている。子どもの表現活動を芸術分野の枠内でなく，子どもの生活中心に統合的にとらえようとする動向は，現行の幼稚園教育要領他と

第6章 子どもの感性をはぐくむ保育者の役割

合致するところである。

第3節 遊びと劇活動

1「遊びの中の演劇」を指標として

　関矢[注3]は、「どういう時に子どもが一番生き生きするのか（中略）子どもが生き生きする瞬間というのは、『発見した時』じゃないですか。何か見つけた時、自分で発見した時。それが大人から見て、どんなつまらないものでも、自分で発見した時というのは、ものすごく生き生きするようです」[6]と記している。

　演劇活動のフィールドを商業演劇から新劇、児童演劇へと変えてきた関矢は、子どもを観客の対象にしなくてはならなくなったことが、「素劇」を確立するきっかけになったと主張している。関矢は、素劇を、「リアルな美術・衣裳・メイクを一切排除し、何もない空間の中で"見立て"を駆使した想像力豊かな表現様式となり、少々くどく言わせていただくならば、素劇の基本は俳優の身体性に踏襲され、それ以外のモノといえば、凡そ黒い箱や白いロープ、大布等。俳優たちはそれらのモノをドラマの成立のために変幻自在に操りながら、観客と呼ばれる探究者の感性を常に刺激し続ける舞台様式を言うのです」[7]と説く。既存の演劇を見なれた観衆ならば、何とも異化的な趣きに違和感を感じることだろう。しかし関矢は、「かつて文豪坪内逍遥氏は自著『家庭用児童劇』の中で、〈簡単〉〈純樸〉〈無邪気〉といった三綱領を明言されました。これなんかも私の唱える素劇に大いに当てはまる要件だと思うんです。それは素劇の構成・演出といったものが、逍遥氏の説く『非常と尋常、自然と不思議、虚と實、卑近と高遠等といふ反對のものが、いはば、當り前のことででもあるやうに、即ち餘り刺戟的でなく、自然と滑らかに調和されて作り込まれてあるようなのがよい』といったものと重なるからなのです」[8]と続け、純粋芸術に偏向しすぎた今日の芸術を憂うとともに、表現芸術の内に存在する演劇のあり方を模索せんとするのである。

　青木は、近代社会の忘れ物として表現芸術の世界をとりあげ、「生活による遊びを中心とした幼児教育の実践も、遊びから生まれる文化を創造することより、音楽や造形美術、身体パフォーマンス等既存の歴史的表現教材を教える文化になりさがり、本来、表現芸術のもつ他者や自然

との共振・共感という体性感覚が失われている。生活から遊離し体性感覚，関係の相互性，生の現象が失われた芸術は，博物館に保存され記憶される過去と同然で，日本人が暮らしの中に生成する美とはほど遠い」[9]と説いているが，素劇の本質は，俳優の体性感覚に準拠し，協働的信頼感に裏づけられ，新たな発見と気付きに満ちあふれた誠実な表現にある。箱やロープ，大布といったものは，本質を保ち続けるために俳優に与えられた魔法の杖のようなものである。無造作に並べられた積み木が，突如俳優たちの手によって民家の一室となり，次の瞬間には蒸気機関車となって舞台の上を走り出す。そうかと思えば，西遊記に登場する觔斗雲がフリスビーさながらに俳優たちの手によって宙を舞ったり，丸棒，フープ，ボールを融合させて動物や乗り物，風景を描いたり，そればかりではない，フェルト布で織り込んだオブジェがブタやオオカミ等の顔としてステージに花を添えること等は当たり前のことなのだ。

　関矢の芝居づくりに対する思いは，観客のときめきに終始することなく，俳優，そしてスタッフまでをもときめきの渦に巻き込む。すなわち，常に総力戦を前提としているのである。そこには俳優だとか裏方だとかいった区別はない。大枠の方針を打ち出したところで，俳優たちには自分なりのイメージとビジョンを語らせ，ときには演出アイデアまでプレゼンテーションさせた。音楽，衣装，舞台美術，振付，照明といったスタッフにおいても例外ではない。鍋を煮詰めるがごとく，できうるかぎり稽古に召集させ，芝居そのものの育ちに立ち会うことを要求する。それもこれも，「人間はみな表現者であり共同体という生活芸術の世界で生きている」[10] ことを知らしめるためだからである。

　関矢はことあるごとに，「子どもが遊ぶが如く，俳優が自由になれるといい。不必要な見栄えだとか，気取りをすてて，子どものように“うそんこ”の世界を楽しめることが肝心。俳優たちの表現が其の境地に達した時こそ，観客の心は大きくときめくのじゃないかな。遊びから創造へ向かいたいね。そこに演劇の本質を感じるんだ」と口にするが，それこそ「俳優」を「保育者」という呼び名に切り替えたところで決して違和感はない。

第6章 子どもの感性をはぐくむ保育者の役割

2 遊びと芸能

　演劇には見る者を魅了する仕掛けが存在する。見立てとか置き換えといった作業は，我々に多くの機会を提供してくれる。気付く機会，感じる機会，イメージする機会に始まって，深く感動する機会さえも与えてくれるのである。とはいえ，それらのことは演劇芸術の中だけで語られることではない。遊びの中で語られてこそ広がりと深まりを持つものである。遊びという言葉は，我が国では古代から尊ばれていた。なぜなら，神事としての鎮魂の動作を象徴するからである。とかく遊びはレジャーだとか暇つぶしだとかと思われがちであるが，本来の意味を再確認すべき時期がきていることを知らねばならない。

　岡田は〈あそび〉という言葉について，「楽器をならす，歌をうたう，舞踊をする等の芸術はすべて神聖な霊魂を人の体内に招き入れるあそびであり，鳥やけもの，魚等を獲ることも，そのような生き物は人の霊魂を宿しているから，それを迎えて魂を鎮めるあそびであった」[11]としている。だとすれば，関矢の提唱する「遊びのなかの演劇」とは，まさに全自我をぶつける生活体験に息づく神聖な儀式とでも解釈できよう。したがって，見立て，置き換えといった行為を，精神性の高い表現様式ととらえることは的外れなことではない。

第4節 生活感と必要感にかなった表現活動

子どもの思いと大人の思い

　人づき合いの未熟な子どもたちは，遊びの内容を変容させながら，虚構と現実の世界を行ったり来たりできるごっこ遊びを好み始める。たとえば，砂場では，団子づくり，ままごと，宝探し，街づくりといった取り組みが並列的かつ複合的に営まれ，その周辺では，歓声と奇声を発しながら鬼ごっこが繰り広げられ，瞬く間に，かくれんぼ，戦いごっこへと変貌を遂げていく。園庭の真ん中ではサッカーやドッジボールに興じる子どもたちが大勢いる。実に圧巻な景観である。しかしながら，ごっこ遊びは，子どもたちの気分や着想に応じて様相をめまぐるしく変えていくため，その進行や展開に大人（親，保育者）の期待する継続性や安定感を望むことは甚だ困難であるといってよい。その場合，大人がとる

行動はおよそ遊びへの介入である。遊びの成り行きを円滑な状態に整わせるために，大人は支配力をもって遊びをプログラム化しようとする。子どもの〈ときめき〉や〈ひらめき〉とは遊離したところで遊びを組織化しようと懸命になるのである。

　大人は，子どもの「遊び」を解説する場合，すぐに「○○遊び」「△△遊び」といった具合に分けたがる。しかし，子どもたちの遊ぶ姿をよくよく見ていると，決してそうだけではないことに気付かされる。したがって保育者は，客観的な視点をもって子どもたちの遊びを見守っていくことが必要とされる。

事例1 砂場遊びは万能遊び

　砂を丸めてお団子づくりに夢中な子。お団子を並べて大きさ比べを楽しむ子。一心不乱に穴を掘る子。山を築く子。トンネル工事に夢中な子。水を曳く子。隠しものをする子。宝探しにご執心な子。そして家族団欒を"ごっこ"する子等。その姿は決して一様ではない。砂場で遊ぶ中にさえ，いろいろな要素が取り込まれているということであり，見立てたり，置き換えたり，調べたり，予測したりながら，子どもたちは様々なことを学習していくのである。

事例2 鬼ごっこから始まる創造の世界

　ルールにのっとって始まった鬼ごっこであったが，いつのまにやら子どもたちの姿はいずこに。よく見れば，子どもたちは植え込みのあちらこちらに身を隠し，身構えているではないか。次の瞬間，"鬼"と"逃げ手"の一騎討ちが始まった。どうやら，"逃げ手"とばかりに思っていたその子こそ，自称，完全無欠のスーパーヒーローとのこと！　地球侵略を企てる怪獣ども（鬼）に，真っ向勝負しているらしい。こうなってくると鬼ごっこなのか，かくれんぼなのか，戦いごっこなのか，私たち大人には区別すらつかない。

事例3 サッカー選手を夢みる子どもたち

　サッカーボールを蹴って子どもたちが遊んでいる。ただしサッカーボールは一人にひとつ，誰もいないサッカーゴールに思いきりボールを蹴り込み，やったとばかりにガッツポーズをとる。彼らの背中に目をやれば，背番号が書かれた折り紙が貼られている。同じ番号があろうとお構いなし。あちらこちらをかけ抜けながら憧れの選手になりきる子ども

第6章 子どもの感性をはぐくむ保育者の役割

たちのなんと頼もしいことか。

事例4 椅子のきしみが遊びの発火点となって

　子どもが椅子をギーギーと鳴らす。飽きることなく鳴らし続ける。ときおり，こちらの顔色を見て一時やめるのだが，しばらくすると再び鳴らし始める。きっかけは，A子の椅子がきしむような音を発したことであった。当初うるさがっていた連中も，もはやA子の仲間である。予想だにしない偶然の出来事が，子どもたちの興味・関心をとらえ，瞬く間にブームとなって子どもたちに予想できない挙動を起こさせたのである。

事例5 お話が火種となって

　子どもたちのリクエストで『大きなかぶ』の絵本を読んだときのことである。数人の子どもたちが何やら相撲をとるような格好をして，ぐいぐいと引っぱりっこをしていた。どちらかというとそのさまはふざけているようであったので，ついつい私は注意してしまった。ところが，子どもたちは「大きな○○君を，抜いているの！」と言ってやめようとしない。それどころか，さきほどまで迷惑そうに見ていた子どもたちまでもが，そうした振る舞いに参加するしまつ。仕方なくなって私も遊びの輪の中に入り込むと，なぜか，○○君ではなくて筆者が抜かれるはめに。まさに衝動から始まった行為が，みるまに構造をもち始め，全力で取り組める遊び（表現）にと変貌を遂げていくのだから驚かされる。いかに，ごっこの体験というものが，彼らにとって思いきり自分をさらけ出すことのできる機会であるか，ということを知らされた。

　事例に示されるように，子どもたちの遊びは実に奔放な構造をなしている。現実のステージとイメージのステージを混ぜ合わせていこうとする背景には，大人が当の昔に忘れてしまっている〈ときめき〉と〈ひらめき〉が存在する。子どもたちにとって遊ぶことは，現実逃避でもなければ余暇的・補足的な行為でもない。まさに真剣，夢中，創造的なもの，いわば生きる知恵を授かるための修練ともいえる。

　遊びの中で，身に迫る脅威や不安と対峙するとき，子どもたちはただ真っ向からぶつかるような盲目的なことはしない。それどころか，自分の内的世界，いわば想像世界に，切実な課題を引き込むことによって，その解決を優位に運ぼうとする。砂場に集まった子どもたちと家族関係

を形成したり，ヒーローになって鬼に立ち向かったり，折り紙のゼッケンをつけてサッカー選手を夢みたりすることがそうであるように，現実をちょいとひねりながら，おもしろおかしく過ごそうとするその力こそ，子どもたちに与えられた，遊びの力なのである。

第5節 子どもの表現文化

　文化とは，「人間が理想現実のために果たしてきた精神的な活動とその所産」[12]であり，「人間というものは，常に善く生きたい，もっと向上したいと願い，それを実現しようとして，いろいろ考えたり，工夫したりする努力を重ね，学問，芸術，宗教，政治，経済，法律，それに日常的な衣食住の生活様式，慣習等を創りだしていった」[13]もの，という意味をもつ。

1 子ども文化の変貌

　子ども文化には，大人の側から子ども側に提供される「子どものための文化」と，「子ども自身がつくり出す文化」という視点があることを見逃してはならない。子ども文化とは，子どもを取り巻く生活の総体をいうのであり，親や家族や地域社会の人々との関わり，さらには今日の情報化社会においては広域文化との関わり等，子どもの生活そのものを包含して考えなければならない。

　かつて中世といわれる時代までは，大人と区別された子どもの概念はなく，子ども不在の時代であった。死亡率は4人に1人と極めて高く，「七歳までは神の内」といわれるほど。乳幼児に至っては人間社会の一員に括られない存在と見なされていたが，16世紀になると，子どもを特別視し，保護し，大人社会から隔離するようになった。子どもを学校へ通わせて読み書きを教えることが始まったのも，「大人が子どものために与える子ども文化」という思想が定着してきたのも，この時期である。

2 日本の子ども文化史

　日本では，1920（大正9）年頃，大正芸術教育運動が興る。これは童心

第6章 子どもの感性をはぐくむ保育者の役割

主義に立った新たな文化運動であった。「とりわけ大正期は，子どもへの思いを強くした時代であり，自由教育と子どもの個性や自発性を尊重する子ども本位（児童中心主義）の考えを推し進めるとともに，子どもを純真無垢とみるロマン主義的子ども観が童心主義を生む等，さまざまな子どもへの配慮をも生み出したのであった」[14]とあるが，しだいにその概念は，大人が期待する子ども観を意味するものへと変容を遂げていくことになった。

1930年代（昭和5年〜）を迎えると，児童文化という言葉が台頭してくる。それは「画一的で形式主義といわれる学校教育への批判」[15]を意味し，童謡，童画，児童劇，綴り方，児童自由詩，児童自由画といった芸術教育が，学校教育の補完的取り組みとして期待されたのである。しかしながら，そうした思想は「都市中産階級以上の文化意識を反映したものにすぎず，やがて童心主義との批判を生む結果ともなっていく」[16]のである。

第二次世界大戦での敗戦は，児童文化の再出発を意味した。真っ先に着手したことは，全体主義から民主主義への大転換であり，大正期の芸術教育運動に根を下ろした民間主導の児童文化運動の振興であった。その後，戦後の混乱が落ち着きをみせ，経済復興と近代化が促進されてくると，児童劇・舞踊，玩具，図書，映画・幻灯，紙芝居，童話，レコード・放送・音楽といった児童文化財の推薦に加え，子どもの組織活動や児童文化施設も児童文化の対象として加えられるようになった。

1953（昭和28）年は，マスコミ時代の到来を告げるものであった。テレビの放送が開始され，雑誌に掲載されていた漫画が続々とテレビドラマ化されるようになってきた。こうしたマスコミによる文化の立体化現象は，大人のみならず子どもを巻き込み，外遊びの減少や遊び集団の変化等，子どもの生活や遊びに著しい影響を与えていくことになる。

近年では，「児童文化」に対して，「子ども本位の立場から，新たな概念として『子ども文化』（子どもたちが主体的につくりだし，彼らの間に分有され，伝達されている生活のし方）」[17]という言い方がされている。これは「子どものための文化」と「子どもがつくり出す文化」のうち，後者の発展を願う心情に後押しされている。

3 児童文化財の活用

図書，映画，演劇，テレビ，玩具等の児童文化財は，大人が子どもに

与える文化であるが,「それを受け入れ, 心の糧にするかは子ども個人の内面の問題」[18] となる。大人が丹精を込めて子どものために授けたものであっても, それが子ども自身の興味・関心にそぐわなければ, 子どもは見向きもしないし耳も貸さない。子ども文化には強制力がないばかりか, 押しつけることもできないのが, 子ども文化の特質なのである。したがって,「児童憲章」9 (1951 (昭和26) 年に制定) にある「すべての児童は, よい遊び場と文化財を用意され, わるい環境からまもられる」[19] とした規定を理屈に終わらせないためにも, 児童文化財を提供する側 (保育者) は,「子どもに対等な人格を認める深い愛情があり, 子どもの立場になって, 子どもの目線でものを見, 子どもの心で感じようとする姿勢」[20] を意識するとともに,「子どもの心に自然に深く入り込み, 子どもに様々な問いかけやゆさぶりや衝撃をおこし, その結果, 子ども自身が新しい価値観に目覚めて, 生きていくことへの希望や自信が湧いてくるような」[21] 助言や協力への探究を怠ってはならない。

4 子どもがつくり出す文化

　岡田は, 保育者に対して, 遊びの中で子どもが描いたり, つくったり, 歌ったり, 弾いたり, 動いたり, 演じたり, 書いたりすることを豊富に体験させ, 自己表現することの勇気と自信を深めさせることや, 仲間と協力して何かを仕上げる成功感と喜びを実感させること, また, 探求心と創造力と実行力をもった, いきいきとした子どもたちを育てることを提言している。

　一方,「子どもが創る文化活動を骨抜きにしてしまうのは, 子どもがもっている力を本当に信頼していない大人たちの責任です。(中略) 子どもというのは, 大人が手取り足取り教え込み, 型にはめこむ指導をしなければ何もできないと心に強く信じ込み, 子どもが創るというタテマエをどこかで摩り替えて, 自分の表現欲を満足させるため, 子どもをオブジェ扱いにしてしまう人がいます。(中略) 一方, 世話の焼きすぎがいけないのなら, 放任主義で, ほったらかしにしておけばいいのかというと, そうでもありません。経験の少ない子どもたちは放っておかれると, いわば地面を這い回るばかりで, 立ち上がり, 飛び立ち, 発展させるきっかけがつかめません」[22] (ルビは編集部による) といった苦言も呈し, 保育者に向けて適切な援助や励ましの重要性, そして, そのさじ加減 (指導法) についても深く言及している。

第6章 子どもの感性をはぐくむ保育者の役割

第6節 保育者に求められるスキルと多様性

1 内面の形成

　人間的で豊かな内面の形成に着目することは，子どもの表現の問題を解明する上で重要なことである。そもそも，子どもたちに表現教育を施すことを，芸術家の育成と考える保育者はいないであろうが，教育現場では，ときとして「直接おもてにあらわすための技術の部分が過大視され，そこのところが問題にされ，そこの修練が表現教育の大部分を占める」[23)]ことが少なくない。人は，表現の繰り返しにより，内面活動を豊かに活性化しようとするのであって，修練を髣髴(ほうふつ)とさせる環境の下では，それらは達成しづらい。

2 body for self と body for others

　表現とは，内なる感動や意思を何らかの方法でもって，オモテにアラワスことである。イギリスの心理学者ヒートンは，人間関係における自分の存在を body for self と body for others の二つに区別している。

　なかでも幼児期の子どもたちの表現は，body for self「主体としての自分」[24)] の概念下にあって，まったくといっていいほど自分本位の立場を貫く。したがって，そのさまは，奔放かつ独断的に大人の目には映るが，それらの経験は幼児にとって，広く社会に目を向け，周囲と自己との関わりを広げていく上で，重要なものとなる。周囲の大人には彼らの表現に理解をもち，上手へたといった安易な評価で受け流すことなく，さらけ出された彼らの心象風景を，愛情をもって受け入れようとする姿勢が要求される。

　body for others「他者にとっての自分」[25)] という言い方がある。body for self が「主体としての自分」であるのとは反対に，他者に委ね，他律的な立場に身を委ねるといった意味合いをもち，内面をさらけ出すことを怖れ，周囲の期待や反応に執着する状態とでも言ったらいいだろうか。いずれにせよ，子どもたちは，周囲の対応によって，body for self にも body for others にもなり得ることを，厳粛に受け止めなくてはならない。大人の唱えた一言が，子どもたちのやる気を奪い取ったり，つまらなくしたり，わだかまりを高めたりするのである。

ともすると保育者は，表現の成果を，出来栄えや見映え，取り組み方（技術）から推し量りがちである。岡田は，「肝心の子どもの生活や発達という視点は二の次にされ，歌うことや描くことが，自発的な楽しい遊びであるよりは，上手に歌え，上手に描ける結果の方が重視される傾向になってしまった」[26] と述べているが，大切なことは，子どもたちの好奇心にあふれた，思いきりのよい表現を受容することである。好奇心こそ，彼らの表現の原動力であり，生きる力の源でもある。たとえ大人の目から見て稚拙で粗末なものであっても，大人の価値基準ですぐに推し量るような言動は慎むべきである。

　子どもたちは広範囲にアンテナを張りめぐらし，私たち大人では見過ごしそうな情報に目や耳を凝らし，そのことの探究や究明に血眼になる。そのさまは，大人の目には実に非生産的に思えたり，意味不明であったり，さらには困った行動と映ることのほうが多いのではないだろうか。アリの行列を追ったり，木に登ってみたり，水たまりの水を蹴散らかしたり，高い所から飛び降りようとする等，起承転結にこだわって判断，行動しようとする大人と違って，衝動的とも思える子どもたちのそうした振る舞いは，ときとして大人の理解を超えてしまうわけである。

　とはいえ，大人にだって子どもの頃はあったのであるから，そこのところは沈着冷静に我が身を振り返ってみればいいのであろうが，もはや整備された頭脳では，それらを解読することは至難の業かもしれない。だとするならば，少なくとも子どもの表現（遊び）を己の快・不快だけで評論することだけは避けねばならない。それこそが，子どもたちの意識を body for others の方向に傾倒させてしまう原因になりかねないからである。

　そのためには，保育者自身が body for self の境地に立ってみることだろう。すなわち，表現することを最大限に楽しむ努力を怠らないということである。絵や歌や踊りや劇のやり方を示したりする以前の問題として，指導者自身が，描くこと，歌うこと，踊ること，劇をすること等に取り組んでみることである。そのことが原風景に己を立ち返らせ，無償の喜びを体感させてくれるかもしれないし，指導者のいきいきした態度が子どもたちのわだかまりを取り払い，表現を伸びやかなものにしていくことは想像できる。

　表現とはまさに自発的作業である。一方的にこれをやれ，あれをやれ，と言われてみたところで，そこからは伸びやかな表現が生み出されるわけなどない。保育者の関わりは，このように微妙なスタンスを要す

第6章 子どもの感性をはぐくむ保育者の役割

るが，そこは多様性という遊び心をもって，子どもとの心因的距離を狭めていってもらいたいものである。

3 パーソナル・プレイとプロジェクテッド・プレイ

イギリスのピーター・スレイドは，「子どもの遊びを注意深く観察し，パーソナル・プレイ（personal play）という子どもが何かに変身する遊びと，プロジェクテッド・プレイ（projected play）という物を使い全身を使わない遊びの二つがある」[27]と指摘した。スレイドは，このような二つの遊びを教師や親の援助のもとに発展させていこうと考えた。

パーソナル・プレイ

「子どもの心も身体もすべてを用いて，他者になりかわる全人的，体験的な遊び方である」[28]——ままごとやヒーローごっこ等，全身全霊を傾け，何者かになりきって遊ぶことを言う。

プロジェクテッド・プレイ

「手にした小さなオモチャの飛行機やお人形等に，自分のイメージを投影し，そのものに生命を与える遊び方である」[29]——人形やミニカー等の玩具にイメージを投影して遊ぶことを言う。

パーソナル・プレイを主観的活動ととらえるならば，プロジェクテッド・プレイは客観的活動ととらえることができる。両者間に優劣はない。表現活動の様式として共に着目されなければならない概念なのである。外的な印象で順位をつけてはならない。確かにパーソナル・プレイは，身体性に富んだ直接的表現活動であるがゆえ，イメージの投影に裏づけられたプロジェクテッド・プレイを，消極的表現活動と判断してしまうことは珍しいことではない。しかしながら，共に強い精神の集中と充実感にあふれた体験であることは変わりない。ついつい保育者の目は現象面ばかりにとらわれてしまうが，豊かな内面活動の機会を保障してあげることも重要なことなのである。

4 人間形成と想像力

想像力とは現実逃避ではなく，現実をつくる原動力となる。想像力を，

明るい未来を信じ，他者を愛し，心豊かに生き抜く人をつくる大切な能力とするなら，感覚，想像といった働きによって触発された思考と感情は，絵画，文章，ムーブメント等の技術によって外化される。それこそが自己表現であり，人間生活における喜びであり，ごく自然な本能的欲求である。

　人間は生きるために呼吸を行う。呼吸は，息を吸い酸素を供給することと，吐くという次の行動を伴ってこそ初めて成り立つ。人間の教育も同じである。大量の知識を注入するだけでは精神的に窒息してしまう。息を吐く，内から外へ自己を表現する場があってこそ，初めて全人的に調和し安定するものである。

第7節　保育者と表現

1　保育者の言語表現

　岡田の「幼児に豊かな言葉を獲得させるためには，まず親や教師自身がイメージを豊かに表現化することができ，かつ明瞭で正確な言葉が使えなければならない。表現力豊かな親や教師のもとでこそ，表現力豊かな子どもが育つのである。このことを自覚して，親や教師みずから言語表現能力の向上努力を怠ってはならない」[30]とした主唱は，「教師が語りかける言葉を子どもが自分の言葉として使い，それを教師が聞くことにより相互の深い理解が生まれる。このことにより，『ことばは真に私たちの共有するものだ』とする。子どものコミュニケーションを支える場は，年齢に関わらず相手理解が常に基盤となる。保育者や保護者は，相手理解を行い，生成された意味世界を共有し，時には，子ども同士の意味世界をつなぐ役割を担うのである」[31]とする青木らの主唱に裏づけられる。つまり，要となるのは，幼児の言葉の生成を支える保育者の理の探究であり，現行の『幼稚園教育要領』他に貫かれた「子どもの言葉の獲得における理を重視し，生活や遊びの中で状況を共有しながら言葉を獲得していくプロセスを援助しようとする保育の姿勢」[32]である。

　乳幼児期は，言葉が固有な意味を伝達する以前の感情伝達の手段とされる時期から，具体的な行動や取り組みに支えられ，最も信頼できる人との会話という，共同作業を行える域に達するまでの期間を指す。当然，子どもと大人の間には，音声言語と身体言語を駆使したコミュニケー

第6章 子どもの感性をはぐくむ保育者の役割

ションが必要とされるのであって，大人側に「生きた言葉」を用いることのできる感情伝達能力が必要とされることは言うまでもない。

　幼児の言葉の指導においては，幼児が話すことに自信がもてるように仕向けることとあるが，それは自分の考えや思いを堂々と表現できるように導くことを意味しているのであり，そのためには，批判にさらされない肯定的・奨励的雰囲気を保障することが肝心なのである。保育者には，それらを念頭において幼い子どもたちと対峙していくことの覚悟が必要となる。

2 お話の力

　子どもはお話が好きである。それにもまして，お話をしてくれる人が大好きである。だからこそ，保育所や幼稚園の生活にお話の機会は欠かせない。子どもたちは，絵本であれ，紙芝居であれ，素話であれ，保育者のお話に心をときめかせ，ワクワクしたり，ドキドキしたり，夢見心地なひと時に浸るのである。

　かつては，家庭の中でもお話の機会はたくさんあった。代表的なものとしては，就寝前の語り聞かせがある。筆者の場合は，祖母が毎晩のように大役を果たしてくれたように記憶している。どのような内容だったかはもはや定かではないが，祖母の温もりとほほ笑みは今でも脳裏にしっかり焼きついている。また，先だって街中の医院を訪れたときのことであるが，混雑した待合室の片隅で母親の絵本の読み聞かせが行われていた。泣き叫ぶ子どもを落ち着かせようとする母親のやむにやまれぬ行動選択であったようだが，これが功を奏してか，いつしか子どもの表情にも安堵の色が見られるようになった。泣き声はおさまり，笑みを浮かべて絵本を見入る子どもの顔がそこにはあった。

　そうしたことは，決して特別なことではない。お話を聞かせてもらったり，お話を自力で読み解いたり，子どもたちは様々な機会を体験しながら，内面を潤し，豊かな感性をはぐくんでいくのである。

3 語りと表現活動

「読み聞かせ（book talk）」

　「幼児が絵を見てイメージを働かせながら，大人が読むお話を聞く手法」[33)]である。絵本の読み聞かせ等がその代表的なものであるが，子ど

もの心情に届く優れた活動にするためには，大人側にいくつかの準備と練習が必要になってくる。

　絵本等を選択する場合，①自分が大好きであること，②自分がおもしろいと感じること，③自分の感動に値したこと，④誰かに語りたい，分かち合いたいと思えること等が挙げられる。

　また，内容等については，「古今東西の書物の中からさがすことである。今日では昔話集，詩集，絵本，創作物語等おはなしの種は私たちの手近にたくさんある。自由に楽しみながらいろいろと読む中で，語りたいおはなしにめぐり合うだろう」[34)]とあるように，日頃からの情報収集が大事な作業となってくる。

　ストーリーの翻案については，状況に応じて，絵本の内容に多少なりの翻案（アダプテーション）の作業が必要になる。たとえば，絵本の文章語りが極めて長かったり，反対に文章語りがなかったり，文章にない部分を言葉にして補う必要性があるときなど。また，対象とする子どもの年齢によっても，翻案作業を必要とすることがある。

「素話（story telling）」

　「語り手が本の内容を完全にマスターして読まずに語ること」[35)]である。しかし，丸ごとの暗記を声にすることではないし，藪から棒に暗唱すればいいというものでもない。「語り手は時間を惜しまず，自分自身の心に物語を刻み，丁寧に語ってほしい。自分の言葉になってこそ，語り手はくつろいで語ることができ，聞き手もくつろいでおはなしを楽しむことができる」[36)]とあるように，語り手は，豊かな表現力を身に付けるために努めなければならない。

　語りを行う上で大切なことは，語り手（保育者）が，そのお話を愛し，よく知り，イメージできているかであり，集中力，構成力，発声，発音，表情動作等を身に付けるための努力と研鑽をしているか，ということである。聞き手である子どもは，語り手の語りに受け答えをしていくことがある。そうしたときこそ，語り手の真価は問われる。子どものつぶやきや訴えを取り入れながら，冷静沈着に，そして劇的に語りを続けていけるかが，語り手の表現力となってくる。

「お話遊び（story making）」

　語り手（保育者）のお話や絵本で得たイメージを，自分の言語（バーバル・コミュニケーション）と非言語（ノンバーバル・コミュニケーション）を駆使して，

第6章 子どもの感性をはぐくむ保育者の役割

実際に演じてみる活動である。つまり，お話を聞くという受け身的な体験を，行動的な表現活動に発展させたものである。劇遊びの前段階ともいえる。「演じてみるということは，深く体験的に知ることである」[37]。そのため，語り手の役目が重要になる。

たとえば，ナレーターとしてストーリーの全容を子どもたちに語り聞かせ，登場人物に扮(ふん)する子どもたちをリードしてあげるのもよいし，子どもと一緒の役割を演じてみてもよい。また，お話からトピックを抜き出してみるのも，活動を盛り上げるには効果的である。

第8節 表現遊びの実際

1 お話や戯れを演出するために

ごっこ遊びよりもストーリー性があり，すこぶる発展性があり，保育者が参画する分，安定性や継続性が期待できる構造をもつのが劇遊びである。何より，思いもよらぬ局面が待ち受け，そうした事態を個別かつ協同的に乗り越えていける機会が用意されているところに，おもしろさが凝縮されている。したがって，遊びを構成・演出する保育者にとって，いくつかの心得が必要とされる。

その一つが，日々の保育における子どもたちの受け止めである。子どもたちがいかなる事柄に興味・関心を抱いているかといったことは，内容を絞り込む上で要点となってくる。子どもたちの大好きな絵本やお話，エピソード等があったら気に留めておきたい。子どもたちの目線で内容を絞り込み，それらをただなぞるようなことをするのではなく，そこからふくらむ想像世界を子どもたちが存分におもしろがれるよう配慮するのである。

二つ目が，取り組み方の検討である。どのような様式と手順でもって活動を進行させていくかは，子どもたちの取り組みをより豊かなものとしていく上で大事な意味をもつ。したがって，劇遊びがごっこ遊びの延長線上にあるものだとすれば，どこででも取り組める寛容かつ柔軟な姿勢が保育者には問われる。室内であれ，屋外であれ，園全体であれ，子どもたちの抱くイメージに寄り添うだけの覚悟と思いが必要とされる。また，劇遊びの進行は，即興的問答と対話によって展開される。したがって保育者には，言葉表現や身体表現への順応性が求められる。

三つ目に，プログラム化された内容の検証が挙げられる。保育者の思いは満たされたとしても，子どもの表現の機会が十分に保障されていなければ，劇遊びとしての題材として適当とはいえない。劇遊びと思いつつも，劇の技術を子どもたちに求めていることは少なくない。子どもは実感を伴って多くのことを学習していく。劇遊びが「生き方の練習」とすれば，題材そのものも，子どもたちの興味や関心に根づいたものであることが肝心であり，思いきり身体を動かせて，いきいきとした声の出せる，子どもたちの生活感・必要感にかなった指導のあり方が要求される。

　そして四つ目は，劇遊びの取り組みに必要な環境の整備である。劇のように，舞台装置，背景，道具，衣装，音響といったものは必要ないにしても，スカーフやかぶり物等の小道具を使うことは効果を生む場合が多い。そこで，見立てたり，置き換えられるものを用意しておきたい。具体的な物を手にするより，子どもたちが想像して物を生かそうとする分，一つ一つの表現がダイナミックになる可能性を秘めているからである。

　五つ目として，インフォメーションがある。ほかの保育者に内容等を事前に連絡しておくことを忘れないでいたい。保護者，利用者に対してのインフォメーションも同様である。劇遊びは，誰かに見せるといったものではなく，それこそが自己実現のための活動であるからこそ，思わぬ誤解や勘違いが起きないとも限らないからである。

2 劇遊びを構成する

　ジャン・ピアジェ（Piaget,J）は，「いくら印象あざやかなものであっても，見ただけ，聞いただけではイメージにはならない。感覚したものに運動がともなわなければイメージにはなり得ない」[38]と説いている。

　そこで，素話や絵本の題材を劇遊びに反映させてみることにする。その場合，お話の全編をやることはない。まずは，子どもにとって興味のある場面を抜き出してみる。保育者が語り手となって，物語や状況を語るのが適当である。また，状況に応じて，子どもと対峙する役割を担ってあげてもよい。子どもたちには，主たる登場人物になってストーリーの世界に生きる機会を用意してあげることが大事である。もちろん，いかなる役割や立場になりかわってもいい。絵本の読み聞かせに始まり，紙芝居や素話等，保育者のパフォーマンスは子どもたちの心情，意欲，態度をはぐくむことに大きな影響を与えることは言うまでもない。

第6章 子どもの感性をはぐくむ保育者の役割

3 劇遊びの実際

提案1 『ペンペンとムゴムゴ』

対象年齢：4～5歳

人数：1～10人

準備するもの：特になし

ねらい：保育者や友達と積極的にコミュニケーションをとって遊ぶ。

保育者 「ペンペンとムゴムゴは同じ工場で生まれたエンピツとケシゴムでした。二人は大の仲よし！ と言いたいところですが，そうではありませんでした。それには理由がありました。ペンペンは暇さえあれば，床に壁にいたずら書きをするような，そんなやんちゃな子だったのです。一方，ムゴムゴは曲がったことが大嫌いでした。だから，ペンペンがいたずら書きを始めると，ムゴムゴは後を追いかけて消してまわるのでした。さて，それでは先生がペンペンです。みんながムゴムゴよ。いったいどうなっちゃうかしら？」

〔活動の概観〕

子どもたちの取り組み方や楽しみ方はいろいろであろうが，ストーリーが遊びの全体像を具体的にイメージさせるために，遊びの流れは極めて活気に満ちて，円滑な様相を呈するはずである。

提案2 『足ぶみ仙人とちびっこ』

対象年齢：4～5歳

人数：1～20人

準備するもの：特になし

ねらい：お話の主人公になりきって，思いきり体を動かして遊ぶ。

保育者 「あるところに"足ぶみ仙人"がおりました。足ぶみ仙人といわれるかたですから，誰もまねできないような足ぶみをすることができたのです。ある日のこと，仙人のもとに，一人の子どもがやってきました。その子は仙人の顔を見るなり言いました。『仙人さま，わたくしと勝負してください！』仙人はたいそう驚きましたが，相手は見下ろすほどのちびっこでしたので，『よ

かろよかろ，相手になってやろう』と二つ返事をしてしまいました。
　さてさて，この勝負どっちが勝ったと思う？
　（子どもに問いかける）
　二人はいったいどんな足ぶみをしたのかしらね？
　（子どもに問いかける）
　さてさて，いよいよ勝負の時がやってきました。『我こそは足ぶみ仙人であるぞ！　ちびさんや，わしに勝てるかな？
　それ，はじめ！』」

〔活動の概観〕
　『ペンペンとムゴムゴ』同様，ストーリーが子どもたちの想像力をかき立てる素材である。したがって，ストーリーの展開が子ども一人ひとりの思いや考えを共振させることで，独創的な中にも普遍的な足場をもった表現活動の誕生を予感させる。

提案3 『大きなかぶ』
対象年齢：4〜5歳
人数：5〜20人
準備するもの：大布
ねらい：「みんなで力を合わせて引くっぱる」という内面感覚を実感する。

　絵本の読み聞かせや素話のあとに，物語のクライマックスである大きなかぶを抜く場面をやってみる。保育者が白大布をかぶって大きなかぶになり，子どもたちはお話に出てくる主人公たちに扮して，大きなかぶ（白大布）抜く。次は子どもたちがかぶになってやってみる。いろいろと趣向を凝らして内容を発展させていきたい。

劇遊び『おおきなかぶ』より

第6章 子どもの感性をはぐくむ保育者の役割

〔活動の概観〕

『大きなかぶ』は，よく取り上げられる題材であるが，ここでは大布のかぶをみんなで力いっぱい抜く，もしくは抜かれまいとがんばるかぶになるといったクライマックスを用意したい。物語の主人公になってもいいし，大布をかぶってかぶになってもいいわけである。繰り返し遊ぶ中で，活動はまさに生活感のある遊びへと定着していくことだろう。

提案4 『太一とキツネ』

対象年齢：4～5歳
人数：5～20人
準備するもの：特になし
ねらい：イメージしたことや創意工夫したことを勇気をもって表現する。

子どもは変身ごっこが大好きである。〈おまじない〉をキーワードとして，キツネをはじめとして，カエルやウサギ，カラスやオオカミ等，お話に登場する動物に変身しながら，太一との変身合戦を堪能する。

劇遊び『太一とキツネ』より

〔活動の概観〕

徳島県の民話『きつねを一口』を題材にした劇遊びである。「太一ときつね」の化け比べが物語の本筋である。この活動では，複数（2～3人）の保育者が語り部，進行係，太一を担当するとともに，子どもたちが扮するキツネとの化け比べをおもしろく演出する。

提案5 『たくさんのこぶたのオオカミ』

対象年齢：4～6歳
人数：10～30人
準備するもの：厚手のマット，脚立等
ねらい：ストーリーを身をもって体験する中で，こぶたの心情や葛藤を

実感してみる。

　子どもたちがこぶたの役，保育者がオオカミや語り手となって，『3匹のこぶた』のお話を演じて遊ぶ。なじみのあるお話をモチーフとして，全力で取り組む劇遊びである。

劇遊び『たくさんのこぶたとオオカミ』より

〔活動の概観〕
　保育者の一人がオオカミ役となり，それ以外の3人の保育者が母ぶたA，B，Cになる。子どもたちは3グループに分かれ，母ぶたA，B，Cのもとに合流する。
　母ぶたとこぶたが遊んでいるところに，突如，オオカミの雄たけびが聞こえる。母ぶたはこぶたを集め，ただちに危険を知らせる。
　そこにオオカミが登場し，Aの家（わらの家）に近づき，一息で吹き飛ばしてしまう。大慌てで逃げる母ぶたAと後を追うこぶたたち。母ぶたBは，ただちにAたちを我が家（木の家）に導き入れる。
　今度は火をつけ，木の家を燃やしてしまおうとするオオカミ。母ぶたAとBはただちにこぶたたちを連れて家を出る。すかさずA，Bたちを我が家（レンガの家）に導き入れる母ぶたCとこぶたたち。
　何をやってもレンガの家はびくともしないことを悟ったオオカミは，しばし彼らの前から姿を消す。その間に，これからの話の展開を子どもたちと確認し，クライマックスに向けて用意をする。
　そこにオオカミが脚立をもって登場する。母ぶたとこぶたたちは大鍋（マット等）を囲んでオオカミが煙突から入ってくるのを待つ。その間に水を沸騰させる方法を，次のようにこぶたたちに伝える。
　「このお鍋のふちを強くたたけばたたくほど，お湯は熱く熱くなるのよ。疲れたからといってたたくのをやめたら大変よ。ぬるくなっちゃうからね。オオカミが熱い熱い！　助けて！　っていうまでがんばってね」

第6章 子どもの感性をはぐくむ保育者の役割

　　そこにオオカミが脚立の上から飛び込んでくる。一生懸命，湯を沸騰させようとマットのふちをたたく子どもたち。さてさて，結果はいかに！

① 子どもにとって遊ぶこととは何か。
② 子どもが〈遊びたくなる〉ような遊びとはどのようなものか。
③ 子どもの「生活感と必要感にかなった」とはどういうことだろうか。

〈注〉
注1　Peter Slade（1912〜2004）イギリスのドラマ教育の先駆者。「大人の先入観を排して，子どもの本当の行動と要求を観察しながら，子どもの知性，心理，情緒の発達段階に適合したドラマの本質を見極め，それを教育に導入する道を模索した実践家」（小林由利子・中島裕昭・高山昇・吉田真理子・山本直樹・高尾隆・仙石桂子『ドラマ教育入門』2010年，52頁）であると評価されている。
注2　Bryan Way（1923〜2006）ピーター・スレイドの継承者ともいえる。「1940年以来，教育の一部としての児童劇場とドラマにたずさわる。1943〜49年，ウェスト・カウンティ児童劇団の共同創立者兼演出家。1953年以来，ロンドンのシアター・センターの共同創立者兼演出家。すべての年齢層の子どものための劇を多数，創作」（ブライアン・ウェイ『ドラマによる表現教育』，岡田陽・高橋美智訳，玉川大学出版部，1977年）著者略歴。
注3　関矢幸雄。演出家。1926年生まれ。創作舞踊家として『地霊』『黒い沼』で高松宮賞や文部大臣賞及び舞踊詩『越後山脈』の序章「山ふところ」で芸術選奨を受賞。1962年からは，劇団風の子等多くの児童劇団を演出。『ぼくらのロングマーチ』(劇団風の子)は芸術祭優秀賞を受賞。1991年（平成3年度）春の紫綬褒章を受章。1996（平成8）年度勲四等旭日小綬章叙勲。

引用文献

1　文部科学省『幼稚園教育要領』2017年，3頁
2　名須川知子・高橋敏之編著『保育内容「表現」論』ミネルヴァ書房，2006年，11頁
3　青木久子編／清水満・小松和彦・松本健義『幼児教育知の探究11　表現芸術の世界』萌文書林，2010年，Ⅳ頁
4　岡田陽『子どもの表現活動』玉川大学出版部1994年，49-50頁
5　岡田陽，前掲書，47頁
6　関矢幸雄『遊びのなかの演劇』晩成書房，1984年，44頁

第6章　子どもの感性をはぐくむ保育者の役割

7　関矢幸雄『劇団新人会──素劇・奇跡の人ヘレン・ケラーとアニー・サリヴァン/2014年4月3日〜6日』上演プログラム掲載「演劇の中の素劇，素劇の中のドラマ」より

8　関矢幸雄，前掲書

9　青木久子編／清水満・小松和彦・松本健義『幼児教育知の探究11　表現芸術の世界』萌文書林，2010年，IV頁

10　青木久子編／清水満・小松和彦・松本健義，前掲書，IV頁

11　岡田陽『子どもの表現活動』玉川大学出版部，1994年，14頁

12　岡田陽，前掲書，187頁

13　岡田陽，前掲書，187頁

14　原昌・片岡輝編著『児童文化』建帛社，2004年，1頁

15　原昌・片岡輝編著，前掲書，2頁

16　原昌・片岡輝編著，前掲書，2頁

17　原昌・片岡輝編著，前掲書，6頁

18　岡田陽『子どもの表現活動』玉川大学出版部，1994年，192頁

19　林邦雄・谷田貝公昭監修『子ども学講座2　子どもと文化』一藝社，2010年，5頁

20　岡田陽『子どもの表現活動』玉川大学出版部，1994年，192頁

21　岡田陽，前掲書，192頁

22　岡田陽，前掲書，194頁

23　岡田陽編『子どもの表現と劇遊び』フレーベル館，1988年，14頁

24　岡田陽編，前掲書，14頁

25　岡田陽編，前掲書，14頁

26　岡田陽編，前掲書，12頁

27　小林由利子・中島裕昭・高山昇・吉田真理子・山本直樹・高尾隆・仙石桂子『ドラマ教育入門』図書文化社，2010年，21頁

28　岡田陽編『子どもの表現と劇遊び』フレーベル館，1988年，29頁

29　岡田陽編，前掲書，29頁

30　岡田陽『子どもの表現活動』玉川大学出版部，1994年，82頁

31　青木久子・小林紀子『幼児教育知の探究18　領域研究の現在〈言葉〉』萌文書林，2013年，260頁

32　青木久子・小林紀子，前掲書，265頁

33　岡田陽『子どもの表現活動』玉川大学出版部，1994年，201頁

34　原昌・片岡輝『児童文化』建帛社，2004年，217頁

35　岡田陽『子どもの表現活動』玉川大学出版部，1994年，202頁

36　原昌・片岡輝『児童文化』建帛社，2004年，219頁

37　岡田陽『子どもの表現活動』玉川大学出版部，1994年，203頁

38　岡田陽，前掲書，1994年，202頁

参考図書

◎　岡田陽『子どもの表現活動』玉川大学出版部，1994年

◎　岡田陽編『子どもの表現と劇遊び』フレーベル館，1988年

◎　名須川知子・高橋敏之編著『保育内容「表現」論』ミネルヴァ書房，2006年

◎　清水満・小松和彦・松本健義『幼児教育知の探究11　表現芸術の世界』，萌文書林2010年

◎　関矢幸雄『遊びのなかの演劇』晩成書房，1984年

◎　原昌・片岡輝編著『児童文化』建帛社，2004年

◎　林邦雄・谷田貝公昭監修『子ども学講座2　子どもと文化』一藝社，2010年

◎　小林由利子・中島裕昭・高山昇・吉田真理子・山本直樹・高尾隆・仙石桂子『ドラマ教育入門』図書文化社，2010年

◎　青木久子・小林紀子『幼児教育知の探究18　領域研究の現在〈言葉〉』萌文書林，2013年

第7章 領域「表現」における今日的課題

保育現場では，保育者が子どもの様子や遊びのプロセスを保護者に様々な形で伝える必要がある。保育の仕事は，子どもと関わる仕事であるが，それと同じくらい，子どもの実態を保護者や地域に伝え，理解を得て，子どもの成長へつなげることも重要である。そこで，本章第1節では，子どもたちの感性が豊かになるような家庭・地域との連携について，幼稚園の行事と日常の事例を交えて学ぶ。また第2節では，保育者養成校における領域「表現」の授業例をとりあげる。

第1節 家庭・地域との相互理解

1 表現活動から家庭との連携を図る

　幼児期の表現は，大きく2種に分けられる。一つは，子どもたちが日々の生活の中で表現する感情であり，もう一つは運動会やお遊戯会，音楽会等，保育所・幼稚園の行事等において行われている表現活動である。
　いずれも，子どもの育ちにとって重要な活動であるが，より意味のあるものとするために，保育者が表現におけるねらいや活動の意図を保護者や地域に伝え，子ども理解を深めることが大切となる。
　表7-1は表現を中心とした家庭との連携における年間実例である（対象：年長児）。
　保育者が，日々家庭に子どもの様子を伝えたり，行事に取り組んでいるときには，それについて理解が得られるよう話をしたり，手紙を配布したりして，連携を深めていることが分かるであろう。

第7章 領域「表現」における今日的課題

表7-1 表現を中心とした家庭との連携における年間実例

月	行　事	表現活動	父母会活動・面談・その他	手紙等の連絡	日々の連絡・その他
4月	【入園・進級式】 初めて保護者に会う。1日で保護者と子どもの顔と名前を覚える気持ちが大切である。 【誕生会】 誕生会では、誕生児の保護者を招き、全園児をホール等に集め、先生たちが考えた劇や手品等を行うこともある。子どもたちにとって、日常と違う体験を目にする機会となるように内容を考えたい。	【身体表現】 体を使ってゲームをしたり、遊ぶことで緊張を取り除けるようにする。 【折り紙】 ときに、折り紙は制作として取り入れ、ふだん興味がない子どもにも楽しさが味わえるようにする。	【父母総会】 園の理念を父母会でも実践・伝達してくれるように、その代表となる父母会長を決める。おもに園長先生や主任の先生が会を進める。 事例2 【学級懇談会・2歳児子育て支援クラス】 学級懇談会では、保護者は「どんな先生だろうか」と期待をもって見つめる。新任保育者は、はつらつと飾ることなく挨拶し、丁寧に物おじせず話すことが大切である。また、クラスの役員を決めることもある。「先生のためにもがんばろう」と、役員を引き受けてくださる保護者はたいへんありがたい存在である。	・毎月の園だより ・出席ノートへのコメント ・誕生カード 事例2	日々の連携では、食事や排せつ等の生活面、遊びや興味、健康状態、言葉、情緒、理解力等での様子を具体的に伝える。けがや体調面で気になること等があった場合は、いち早く連絡をする。 事例1
5月	【母の日参観】 進級後1カ月たち、どんなクラス運営になっているのか保護者は興味津々である。突然のハプニングが起きることもしばしばあるが、どんな風に保育を進めるのか、しっかり考えねばならない。 【誕生会】	【母の日プレゼント】 この日に向け、母親へのプレゼント制作を行ったり、また歌を練習したりする。	【2歳児子育て支援クラス】 2歳児子育て支援では、近隣の2歳児の親子を集めて、園の教育方針に沿った保育を行う。子どもを預かって、保育をする園もあれば、保護者同室で保育をする園等様々ある。 事例4	・毎月の園だより ・出席ノートへのコメント ・誕生カード	母の日プレゼントを作ったときの様子等を伝え、子どもたちの思いを陰ながらに伝える。
6月	【父の日参観】 体を動かして、子どもと父親がスキンシップをとれるようなゲームや運動を盛り込むこともある。 【誕生会】	【父の日プレゼント】 この日に向け、父親へのプレゼント制作を行ったり、また歌を練習したりする。	【家庭訪問や面談・2歳児子育て支援クラス】 1対1の話し合いは、緊張するが、めったにない貴重なときでもある。家庭での子どもの様子を聞いたり、園での詳しい様子等を伝え、子どもへの相互理解を深めねばならない。よいことも悪いことも伝えながら、信頼を築けるような話し合いを行う。	・毎月の園だより ・出席ノートへのコメント ・誕生カード	
7月	【参観日】 園ごとの理念に基づいた参観を行うこともある。突然のハプニングが起きることもしばしばあるが、どんな風に保育を進めるのかしっかり考えねばならない。 【七夕まつり】 保育者が、織姫や彦星になって劇を行い、行事の由来を知らせる。行事を生活に取り入れる楽しさを味わう。 【誕生会】 【お泊まり保育】 保護者と離れての初の外泊となる子どももいる。いつもと違うケアが求められる。	【巨大いかだ作り】 プールで遊ぶ巨大いかだをみんなで作る。協力し合うことで、できあがる達成感を味わう。 【七夕飾りを作る】 ささ飾りを飾ったり、季節の行事の意味を知って楽しむ。 【壁面制作】 にじみ絵や水遊びの技法を使って、壁面制作でジュース屋さんごっこをする。	【参観資料配布・2歳児子育て支援クラス】 参観資料は、なぜ、その活動を取り入れたのか、ねらい等を日案にして配布する資料である。これにより、保護者に注意して見てもらいたいことを促すことができる。また、集団の中での我が子の様子を見ることで気付きを促していく。	・毎月の園だより ・出席ノートへのコメント ・誕生カード ・クラスだより ・長期休みへ向けた手紙	学期の終わりにクラスだよりを配布し、子どもの様子やクラスの実態等を伝える。保護者は、先生の子ども観・人生観を知ることにもなり、また、クラスの雰囲気も伝わることで、温かい関係が保護者間にできる。大切な手紙である。
8月	【夏季保育】 夏休みに入って久しぶりに登園する子どもと、水遊びやスイカ割り、キャンプファイヤー等、夏らしいカリキュラムを行う。 【誕生会】	【身体表現】 キャンプファイヤーでみんなで輪になって踊ったり、ゲームを楽しむ。	【2歳児子育て支援クラス】	・毎月の園だより ・出席ノートへのコメント ・誕生カード	

158

月	行　　事	表現活動	父母会活動・面談・その他	手紙等の連絡	日々の連絡・その他
9月	【運動会】お遊戯・リレー・親子競技・組立体操等，練習を積み重ねることの大切さをクラス全体で味わう。【誕生会】	【敬老の日プレゼント（お絵かき等）】字や絵をかくことで思いを伝える楽しさを味わう。また，近くの老人ホームを慰問して，歌のプレゼントをしたり，会食を開いたりする。	【懇談会・2歳児子育て支援クラス】運動会での練習状況等を伝えながら，クラス全体の実態等を伝える。	・毎月の園だより ・出席ノートへのコメント ・誕生カード	運動会での練習風景等を保護者に話し，結果でなくプロセスに着目してもらえるように理解を深める。
10月	【遠足】親子遠足で芋掘りに行ったり，稲刈り経験をする園もある。【誕生会】	【遠足の絵を描く】遠足での思い出を話しながら，絵を描く。	【新年度園児募集】入園に関心のある地域のかたを集めて，園の教育理念等を話す。	・毎月の園だより ・出席ノートへのコメント ・誕生カード	
11月	【バザー】地域の人や保護者が協力して行う。【誕生会】	【アプローチカリキュラム：バザーでの品物作り】あめの首飾り等を作ってバザーで売る。売り買いを実践する場にもなる。	【2歳児子育て支援クラス】バザー準備	・毎月の園だより ・出席ノートへのコメント ・誕生カード	
12月	【クリスマス会】先生が手品をしたり，ダンス等を披露することもある。また，園長先生がサンタクロースとなりプレゼントを配る園もある。【誕生会】	【クリスマスケーキをみんなで飾る】食材をきれいに飾り付けることで，生活を彩る楽しさを味わう。	【2歳児子育て支援クラス】	・毎月の園だより ・出席ノートへのコメント ・誕生カード	学期の終わりにクラスだよりを配布し，子どもの様子やクラスの実態等を伝える。保護者は，先生の子ども観・人生観を知ることにもなり，また，クラスの雰囲気も伝わるので，温かい関係が保護者間にできる。大切な手紙である。
1月	【お餅つき会】相撲部屋から力士を呼んで相撲をとったり，餅つきを楽しむ。保護者に餅つきや準備等をお願いすることがある。【発表会】クラスごとに劇をしたり，合奏等をする。【誕生会】	【アプローチカリキュラム：お店屋さんごっこ】ペットショップやケーキ屋さん等，子どもたち自身がやってみたいお店を話し合い，役割を決める。工夫しながら，お店に必要なものを協力して制作する。【アプローチカリキュラム：発表会】発表会では，協力しながらみんなで劇をつくり上げたり，合奏等をする達成感や演じる楽しさを味わう。	【保護者勉強会・2歳児子育て支援クラス】教育・保育に精通する有識者を園にお呼びし，講演会を行う。園での理念を違う角度から理解してもらう機会となる。	・毎月の園だより ・出席ノートへのコメント ・誕生カード	発表会での練習風景等を保護者に話し，結果でなくプロセスに着目してもらえるように理解を深める。 事例3
2月	【節分】先生が鬼になり豆まきをする。【誕生会】	【鬼のお面作り】節分の意味を知って，自分の中の悪い鬼を退治するように語りかける。	【2歳児子育て支援クラス】	・毎月の園だより ・出席ノートへのコメント ・誕生カード	
3月	【卒園式】幼稚園での生活を振り返り成長を感じながら，小学校進学に向け自信がもてるような式を行う。【誕生会】	【お別れ会】年長児にお別れの言葉を送ったり，歌をプレゼントする。	【懇談会】1年間，保護者の協力を得ながら，クラス運営ができたことに感謝し，また担任として，子どもたちへの思い等を話す。	・毎月の園だより ・出席ノートへのコメント ・誕生カード ・クラスだより ・長期休みへ向けた手紙	学期の終わりにクラスだよりを配布し，子どもの様子やクラスの実態等を伝える。保護者は，先生の子ども観・人生観を知ることにもなり，また，クラスの雰囲気も伝わるので，温かい関係が保護者間にできる。大切な手紙である。

第7章 領域「表現」における今日的課題

事例1 日々の子どもの思いや表現を保護者に伝える

　年中時に木登りができなかったA君は，びわの実が青く実り始めると「今年こそはびわの木に登って自分で採る」と，木登りの練習を始めた。

　降園時，保育者は保護者に「A君『今年は，木登りできるようになって，自分でびわの実を採りたい』と毎日，一生懸命木登りの練習をしています」と様子を伝えた。

　それを聞いた母親は「A君，すごい。ママもA君が採ったびわ食べたいな」と，我が子のがんばりを後押しした。そして間もなく，びわがオレンジ色になると，A君は練習の成果を発揮してびわの木に登り，実を採ることができるようになった。

　保育者は降園時，母親に「A君，ついに，今日，びわの実を採って食べることができました。食べたとき，とても輝いて見えました。友達の分も採ってあげていました。誇らしげで嬉しそうで，とてもいい表情をしていましたよ」と様子を伝えた。

　保育者からの報告や様子を聞いたA君の母親は，「よかったね。がんばったね。友達の分も採ってあげたのね。おいしかった？」と幼稚園での我が子へのイメージをふくらませた。

　大人から見れば，不便で無意味で時間がかかるようなことから，子どもたちは，リアルな経験を得て，感性をより磨き感情を育てていく。事例1も，そのような環境設定があって成し得た大事な経験である。しかし，保育者が，A君の大事な経験を「今日，A君は，びわを採って食べました」とだけ，保護者に伝えたとしたらどうであろうか。A君の表出する思いや成長を保護者に伝えたことにはならないであろう。保育者は，子どもの表出する思いを読み取るのはもちろん，保育者自身の思いも保護者に伝え，子どもの成長を共感し合う関係づくりをしていかねばならない。

2 表現活動で保護者へ幼稚園・保育園の理念を伝える

事例2 お遊戯会をいやがる子ども

　降園時，B子ちゃんの保護者から保育者に「今朝，B子が泣いて『幼稚園に行きたくない』『お遊戯会の練習したくない』と言って大変でした。

幼稚園ではどんな様子ですか？」と相談があった。

　保育者は，「他のクラスに劣ってはならない」という思いから，子どもたちに練習を無理強いしていたことに気付いた。保育者は「申し訳ありませんでした。私，B子ちゃんにひどいことをしてしまいました。本当にすみません。もう一度，B子ちゃんが楽しめるようにがんばってみます」と保護者に伝えた。

　表現活動の成果を発表する場として，各園様々な行事に取り組んでいる。それらは，1年を通して行われ，たくさんの保育時間が費やされている園もある。

　それだけに，行事は，子どもと保育者と保護者をつなぎ，子どもたちの成長を促すものにもなれば，子どもが登園をいやがり，保護者が園や保育者に対し不信感をもつ場にもなってしまう。上記事例のように，特に新任保育者は，行事前には，準備はもちろん，練習の進み具合があまりにベテランの先生と違い，プレッシャーでつぶされそうになってしまうものである。

　しかし，保育者が躍起になってしまうと子どもの主体性を見失うことになりかねない。行事では，保育者のみならず，園全体としても，なぜその活動を行うのか深く理解し，結果でなくプロセスが大切であることを再確認することが大切である。

　また，そうすることで，園全体に行事に対する温かい雰囲気が広がり，保護者も思いやりをもって行事を受け止めてくれるようになる。そして，何より，子どもと一緒に行事の準備をしたり，泣いたり笑ったり，努力を怠らない保育者の健気な姿は，保護者との連携の基礎になるのである。

事例3　壁面制作を展示

　壁面にクラス全員の子どものお芋掘りの絵を飾った。すると，C君の保護者が「うちの子は，絵がへただわ。みんなうまいのに……」と落ち

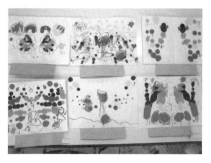

第7章 領域「表現」における今日的課題

込んでしまった。保育者は，「C君は『大きいお芋が採れたよ』『土の中から虫が出て来たんだよ』と思い出しながら，一生懸命描いていましたよ」と，描いたときの様子を伝えた。

すると保護者は，「そうか……この白っぽいのは，幼虫なのかしら」と笑い，C君の絵をほほ笑ましくとらえ，子どもの絵画表現への理解も深めてくれた。

表現活動で，絵画を展示したり発表したりすると，保護者は，我が子の出来が他の子と比べて，うまいかへたかといった目線で作品を見てしまいがちである。

そのようなときこそ，保育者は，描いていたときの様子や子どもの思いを的確に伝え，保護者の子ども理解を促さなければならない。また，保育者自身も，出来栄えよりも活動のプロセスが大事であることを常に念頭におき，カリキュラムを作成し保育にあたらねばならない。

3 地域との相互理解

事例4 子育て支援クラスにて

A幼稚園では，子どもの育ちや保育への理解を促すため，週1回登園・保護者同室型の2歳児子育て支援クラスを行っている。しかし，保育者は，保護者がおしゃべりばかりして，なかなか保育に参加してくれないことを悩んでいた。

そこで，保育者は，保護者も遊びに参加できるよう部屋全体を使って新聞遊びをすることにした。保育を傍観し，おしゃべりに夢中だった保護者には，新聞紙をちぎる仕事を頼んだ。すると，保育室は，保護者の笑顔があふれ，子どもたちも一層元気に活動し，会全体が活気づいた。そして，降園時には保護者から「楽しかった」という声をたくさん聞くことができた。

保育所・幼稚園では，地域のかたがたに保育への理解を深め身近に感じてもらうために，子育て支援クラスを開催したり，保護者と協力してバザーを行ったり，お祭りをしたりしている。

その際に保育者は，これまでの保育者としての役割だけでなく，全体

をコーディネートし，参加者のやる気を引き出す「ファシリテーター」としての新しい役割も担うことになる。本事例は，子どもだけでなく，同じ参加者である保護者の参加意欲を引き出すという保育者の発想の転換により，組織全体がよりよい雰囲気になったといえる。

ファシリテーターとは，英語でfacilitate（ファシリテート）「促進する」，facilitator（ファシリテーター）「促進させる役割の人」の意味である。子育て支援が進むカナダでは，保育者の役割として重要なのは，母親に子どもについて教える専門家としての関わりでなく，母親と共に共感し，その中から母親自身が答えを見つけ出せるように関わる対応であるといわれている。

そのファシリテーターとしてのおもな役割は，次のようなことが挙げられる。

・参加者の主体性を引き出すこと。
・参加者の知識と体験を統合できるような素材の提供をすること。
・参加者の体験をより大きな気付きへと導くこと。
・参加者自らが主体的に考えられるような援助をすること。
・状況を見ながら適切な〈介入〉を行うこと。

これからの保育所・幼稚園には，どんな保護者も受け入れられ，居心地のよい保育所・幼稚園であるよう運営していく，ファシリテーターとしての保育者の存在が必要になるであろう。

第2節 保育者養成と表現

領域「表現」に関する授業では，いろいろな遊びや手遊び，歌遊びや造形技法，ピアノ等を授業でとりあげることは多い。これらのことを覚えたり，練習したりすることは保育者になる上でたいへん重要なことであるが，その方法や技術の習得だけが目的ではない。

それらの遊びや技術を通して，子どもたちに何を保育者として伝えたいのか，また，子どもの興味関心に沿った遊びとは何か，子どもの興味や関心をさらに伸ばすための技術とは何か等，子どもの内面理解や内面の育ちを大切にしていくことを，これらを通して学ばなければならないのである。

第7章 領域「表現」における今日的課題

　領域「表現」に関する授業内容は多岐にわたる場合が多いが,「何を」「どうやって」するのかのみに,とらわれることなく,「どうして」「なぜ」そして「いつ」「どこで」といったことも学生には考えてほしい。
　本節でとりあげた事例は,教師の一方的な伝授ではなく,双方向性を大切にした事例である。双方向性は保育を行うときもたいへん重要な要素の一つとなる。事例を読み,自分だったらどのように参加をするかということと同時に,保育にどう生かしていけばよいのかも考えてほしい。

1 保育者を目指す者として —朗読劇を通して—

　実際に子どもたちの前に立ち,指導,表現することになるまでに,より多くの子どもたちの前でお話を演じたり一緒に劇を遊んだりする中で,自己表現力の向上と保育者としての資質を探る。また,演劇表現活動を通じ,様々なキャラクターを研究模索する中で,人間観察力やそれぞれの立場を理解する力を養うことが大切である。
　朗読劇を行うにあたって,いきなり台本読みから劇活動を行うことは,表現力を高めるどころか,かえって自己表現能力向上の妨げになりかねない。そこで,こうした活動を始めるにあたって,最初は自己表現することへのわだかまりをなくすために,即興劇の要素を含むシアターゲーム等を行うことが望ましい。
　シアターゲームには,周りをよく見て距離感をつかむものから,即時的に発想力を求め表現するもの等,失敗を繰り返しつつ表現する楽しみを体得していくものが多い。
　一般的に集団の中での失敗は,自身にとって恥ずかしく悪いイメージに感じるが,シアターゲームの中での失敗はわざとねらったものでない限り,個人の内面的な自立心や向上心にとってはむしろ歓迎されるべきものである。
　失敗を恐れびくびくし,同年齢の仲間内では表面的にうまく取りつくろうことができたとしても,子どもたちの前に立ったときはごまかしがきかない。子どもたちの前に立つ前に,前向きに取り組みながらも失敗も体験し,それを克服していく過程にこそ意義があり,むしろ技巧的なことばかり上達させることより勇気がいるだろう。そして,やがて子どもたちと接していくときにも,必ず失敗もあるだろうし,うまくいかないことにも直面するはずだ。自身が克服していくと同時に,さらに子どもたちの失敗に対しても,そのときどのように対処し克服させていくか

に保育者としての真価が問われる。

　職場のメンバー（先輩・後輩・同期）との人間関係においても同様なことが言えるのではないか。様々な演劇の手法が教育現場に用いられ，その効果が期待されてきている中，保育者養成においてもその手法を用いたプログラムが必要なのである。

　以下は，絵本『めっきらもっきら　どおんどん』（福音館書店）を題材に朗読劇の台本に構成したものと，「吉四六話」の朗読劇台本を実際に子どもたちの前で演じた実践記録である。

事例5 朗読劇「めっきらもっきら　どおんどん」

長谷川摂子　作　　　佐藤厚　構成台本

> K＝かんた　　　　　　　　N＝ナレーター　　　　S＝しっかかもっかか
> O＝おたからまんちん　　　M＝もんもんびゃっこ　全＝全員

K：遊ぶ友達が誰もいない。みんなどこへ行ったのかな？　ここまで来たのに誰もいない。

N1：しゃくだからかんたは歌ってやった。大声でめちゃくちゃの歌を。

K：ちんぷく　まんぷく　あっぺらこの　きんぴらこ
　　めっきらもっきら　どおんどん

N2：するとどどーっと風が吹き，風にのって奇妙な声が聞こえてきた。

S：よおよお，ええ歌ええ歌。

O：おなかが　ぽんぽん　はじけるぞ。

M：こっちゃこい　こっちゃこい，こっちゃきて　歌え。

N1：耳をすますと，どうやら声は穴の中から。かんたがのぞきこんだそのとたん──

N1・2：ひゅうっと穴に吸い込まれて，

K：おちる〜。

N1：おちる。

N2：おちる。

N・K：おちる〜。

N1：着いたところは，

K：夜の山？

N2：おや，むこうからへんてこりんな3人組が飛んでくる。

N1：やって来るなり，おかしな3人はかんたに飛びついた。

M：よっほーい，遊ぼうぜ。おいら，もんもんびゃっこ。

第7章 領域「表現」における今日的課題

S：わーい，友達みーつけた。あたい，しっかかもっかかだい。
O：わしは，おたからまんちんと申す。さあ，遊ぼうぼう。
K：いやだっ！　化け物なんかと遊ぶかい！
N2：かんたが言うと，たちまち3人は，大声で泣き出した。
SMO：うおーん　遊んでよう！
　　　　えーんえんえん！
　　　　遊ぼうぼう！
K：うるさいっ！　遊んでやるから，だまれっ！
N1：すると今度はけんかが始まった。
S：あたいが一番に遊ぶーっ！
M：なにぃ，おいらだ！
O：わしじゃ，わしじゃ！
N1：3人はだんごになってもつれ合う。
K：やめろっ！　じゃんけんだ。
N2：と，かんたが叫ぶと，
SMO：だんごはほどけて，じゃんけんぽん！
N1：さて一番は，
S：しっかかもっかか！
N1：かんたの首に風呂敷を巻いて，枝から枝への飛び移り，
N1・2：モモンガーごっこが始まった。
K・S：うまいっ　飛べるぞ　モモンガーッ
　　　風呂敷はたはた　モモンガーッ
　　　髪の毛ひゅうひょう　モモンガーッ

N1：かんたは何度も飛んで，
K：汗びっしょり！

N2：次は，
O：おたからまんちん。
N2：そこらじゅうに，宝の玉をぶちまけた。
O：さあ，いらっしゃい。お宝交換だ。どれでも好きなのと取り換えてしんぜる。
K：ビールの王冠でもいいかい？
N1：と，かんたが言うと，
O：なに，ビールの王様のかんむりか。そんなお宝が手に入るとは，ありがたき幸せ。

Ｎ２：おたからまんちんはおおニコニコで，かわりに，
　　　かんたに不思議な水晶玉をくれた。
Ｏ：ほら，のぞいてごらん。海が見えるよ。
Ｋ：うわぁ〜ほんとだ，すごーい。
Ｎ１：次は，
Ｍ：もんもんびゃっこ　縄跳びの名人！
Ｋ・Ｍ：山を蹴飛ばせ　ぴょーんぴょん
　　　　月をひっかけろ　ぴょーんぴょん
Ｎ１・２：二人は，キャアキャア笑って，
Ｋ・Ｍ：135回も飛んだ！

Ｋ：さあ，今度はみんなで遊ぼう！
ＳＭＯ：空飛ぶ丸太に乗って！
Ｋ・ＳＭＯ：今夜はうれしや友達。今夜は楽しや友達だ。
ＳＭＯ：うーたえ　歌え　あの歌を
　　　　空から聞こえたあの歌を――それっ！
Ｋ：ちんぷく　まんぷく　あっぺらこの　きんぴらこ
　　めっきらもっきら　どおんどん
Ｎ２：さんざん遊んでおなかがすくと，
ＳＭＯ：お餅のなる木を見つけて食べた。
Ｋ：ふうわり甘くて，ほっぺたが落ちそう！
Ｎ２：おなかがいっぱいになると３人のお化けたちは眠ってしまった。
ＳＭＯ：ふわ〜ぁ。
Ｎ１：かんたは一人で月を見ているうちにたまらなく心細くなってきた。
　　　とうとう，がまんできず夜空に向かって大声で――
Ｋ：お・か・あ……。
Ｎ２：と，そのとたん３人は跳ね起きた。
ＳＭＯ：言うなっ！　そ，それを言ったらおしまい！
Ｎ２：てんでにかんたに飛びかかり，口をおさえにかかったけれど，
Ｎ１・２：もう間に合わない。
Ｋ：おかあさーん！
Ｎ１：かんたの声が広がると，突然，夜空に日の光が差し込んだ。
　　　銀の光が渦巻いて，かんたのからだは，
全：くる　くる　くる　くる……
Ｋ：あれっ，ここはどこ？

第7章 領域「表現」における今日的課題

N1：かんたはぼんやり立っていた。ちょうどそのとき，おかあさんの声がした。
N2：かんちゃーん，ごはんよー。
N1：かんたは，ぱっとかけ出した。
K：あれから何度も神社に行った。でも，もうあの声は聞こえない。歌を歌えばまた3人に会えるかな。
N1：と思うけど，かんたはあの歌を忘れてしまって，
K：どうしても思い出せない。

SMO：ちんぷく　まんぷく　あっぺらこの　きんぴらこ
　　　めっきらもっきら　どおんどん

事例6：朗読劇「吉四六話」
瀬川拓男　作

N1：吉四六どんは小さい頃から風変わりだったそうな。家のもんがみんな畑仕事にいくというので，小さい吉四六が，るす番をすることになった。
N2：家の裏の庭の柿は，よううれてたいそう見事だったから，出がけに父親が言うた。
父親：これ，吉四六，うちの柿は今年が初なりじゃ。おまえ，気を付けて見ちょれや。
吉四六：はいっ。
N2：吉四六がかしこい返事をしたので，家のもんは安心して出かけたそうな。
N1：さて，夕方戻ってみると，今朝がた，柿の木のはたに座りこんだ吉四六が，今もそこにじっとしている。
N2：父親はびっくりして言うた。
父親：なんじゃ，おまえ，一日中そうしちょったんか。
吉四六：はい，気を付けて柿の木を見ちょれ言うたけん，こうしてよう見ちょったんじゃ。
N2：父親は，ふと柿の木を見上げた。
父親：や，や，やあ。うれた柿は一つもないが……こりゃ，どうしたことか。
N1：すると，吉四六は，すまして答えたそうな。

吉四六：よう見ちょった。見ちょる前で，村の若
　　　　いもんが来て，次々と柿の木に登ってなあ。
　　　　そうして，みんなもいでいってしもうたん
　　　　じゃ。よう見ちょったけん，まちがいない。
Ｎ１：実は吉四六どん，父親が一つも食わせてく
　　　れんので，るすの間に村の子どもたちを呼び
　　　集め，たらふく柿を食うたのだと。

吉四六：年頃になった吉四六です。
Ｎ２：ぶらぶら遊んでもおられんので，川の渡しもりになったそうな。
Ｎ１：あるとき，一人の武士が来て，吉四六に聞いた。
武士：渡し賃はなんぼか。
吉四六：へえ，8文で。
Ｎ１：と，吉四六が答えると，
武士：6文にまけい。
Ｎ１：と言うてきかん。
Ｎ２：吉四六はあきらめたのか，
吉四六：よいよい。さあ，乗らんせ。
Ｎ２：と言うて，さおをさした。
Ｎ１：ところが，あと少しで向こう岸に着くというとき。
吉四六：ここまでで6文じゃ。あいすまんがここでおりてくださらんか。
Ｎ１：と，船を止めた。びっくりした武士が，
武士：そりゃ困る。こんな所におりられるか。
吉四六：そんなら，元の岸に戻るまでじゃ。
Ｎ１：と，たちまち後戻りを始めた。
吉四六：おさむらい様，行きが6文，戻りが6文，行きと戻りで12文
　　　　になりますわい。
Ｎ２：吉四六の言葉に，武士もすっかり参って，
武士：急ぎの用じゃ。望みどおり金は払うよって，
　　　向こう岸まで届けてくれい。
Ｎ２：と，やっとのことで向こう岸に渡してもろ
　　　うたそうな。

吉四六：いい年になった吉四六です。(その場に寝
　　　　て，いびきをかく)

第7章 領域「表現」における今日的課題

N1：吉四六どんのとんちの評判が町中に広まって，あるとき，殿様のお使いが，朝もはようからやってきたそうな。

お使い：すぐにもお城にあがるようにと，殿様のおおせじゃ。ついて参れ。

N1：寝ているところをたたき起こされて，何事かとお城まで来てみれば，殿様は，にやにやわろうて言うたそうな。

殿様：吉四六とやら，おまえはうその名人というが，ひとつ，わしを上手にだましてみよ。ほうびをうんととらすぞ。

N2：物好きな殿様もあったものよ。朝早く起こされてごきげんななめの吉四六，ねむたげな目をこすりこすり殿様に言うた。

吉四六：なんかと思えば，そんなご用でござんしたか。それならそうと，ご家来に言うてくださりゃあよかったに。わしゃ，うそを言うとき，うその種本を使いますけんど，それをうちに置いてきてしまいました。今から取りにいきますによって，殿様の馬を貸してくださんせ。

殿様：いや，それにはおよばん。

N1：殿様は，ここぞとばかりに用心して，

殿様：そのことなら，家来に言いつけて取りにいかせる。うその種本とやらは，どこに置いてあるのか言うてみよ。

吉四六：へえ，ぶつだんのお位はいの蔭に，隠してありますがな。

N1：そこで，家来が吉四六の家に飛んだ。だが，なんぼ探しても，種本等見当たらん。戻って殿様に申し上げると，殿様，

殿様：このうそつきめが。

N2：吉四六は，しめたとばかりひざを打って，

吉四六：へえ，うそを申しましたによって，ごほうびをいただきとうございます。

N1：これには殿様も，開いた口がふさがらなかった。ほうびに，1頭の馬に米俵を1つつけてやると，吉四六は馬の片側にそれをつるした。片側ばかり重うなったので，馬は苦しがって動こうにも動けない。

N2：そこで，吉四六は，殿様に申し上げたそうな。

吉四六：片荷じゃあ馬がたおれますけん，もう1俵くださいませ。両側へ1俵ずつつるせば，馬はしゃんしゃんと歩きますがな。

N1：殿様は，米俵をもう1つ取られて，なんともしぶい顔をしなさったと。

2 朗読劇を通して

　表現手法としてのオフステージフォーカス等は慣れるまでは違和感を覚えるに違いない。しかし，一度その手法と感覚を身に付けると，実際の保育現場で子どもたちと関わりをもつ様々な場面で応用展開できる。

　声のトーンや視線を応用する絵本の読み聞かせ，紙芝居，素話はもとより遊戯やダンス，造形発表や保育発表会等における空間把握にも応用できる。また，朗読劇は基本的にいったん舞台に登場すると終演まで出たままのことがほとんどである。自分の存在を消すには後ろを向く程度であるが，これも後ろを向きつつ実際の場面が見えていなくても舞台で繰り広げられている場面を想像し，背中で全体の進行状況を把握しながら再度自身の登場場面を待つのである。

　担任ともなれば，朝子どもたちを迎え夕方見送るまで，常時子どもたちの前や集団の中にいることが多い。つまり保育現場が舞台とすれば，一日中気を抜くことはできない，舞台上にいるのと同様である。受けもっている子どもたちの一人ひとりが，今どんな活動をし，どんな状態かを把握しなければならない。

3 表現活動の実践から得られる要素

　前述してきた朗読劇の実践を通して，演じる側の「見せ方，目線，声の張り，表情等」の工夫一つで子どもたちの受け取り方（反応）がまったく変わることに気付くであろう。当然のことながら，保育者が劇に集中して演じれば演ずるほど子どもたちも真剣になる。反面，少しでも気を抜いた演技があると「つまらない，よく分からない」といった反応となり，表現する（演ずる）ことのむずかしさを知ると同時に，子どもたちと向き合うときはやはり気を抜けない厳しさがあることも感じ取ることができる。

　表現活動において，子どもたちがイメージしたり大人の様子を観察する力は想像以上に大きい。その子どもたちが観劇している際の感想表現（喜怒哀楽）が素直であるように，大人もまずは「自分自身が劇を楽しまないと子どもたちも楽しくない」といった観点を大切にし，素直な感情表現ができるようになることが不可欠である。

　劇遊び活動においても，大人たちはともすると演ずることを意識しがちだが，子どもたちは演ずる前に「遊び」としてその世界を楽しんでい

第7章 領域「表現」における今日的課題

るので、保育者は、表現することを子どもたちと共に楽しむ目線をもたなくてはならないであろう。また、子どもたちにとって、表現活動を子どもの頃から保育者の援助を得ながら遊び感覚で体験できることは、情緒豊かで感情表現が豊かな人間になることにつながるのである。

4 表現活動の実践を通じ、保育の現場に生かされる要素

　子どもたちにとっての劇遊びや子どもたちの参加型の劇は、フィクションの世界をダイナミックに活動でき、想像力が育ち自分以外のものの気持ちを考えやすくなり、自分のもっている価値観や世界観を思いきって表現体験することができる。また、子ども自身のイメージで表現しつつ友達との協調性を保ちながら活動できるので、安心して個性も発揮でき自信につながる。そして、みんなと共に行うことができる表現活動は、大勢の友達の中や保育者の前では恥ずかしがり、なかなか自分の意見が言えない子どもにとって、緊張をほぐし自然に関わりをもつことができる活動であり、子ども同士だけでなく、子どもと保育者間のコミュニケーションをとる有効な方法ともなる。

　日常の遊びにもルールがあるように、劇遊びにも、自由な表現でお話を楽しむために、保育者の話をよく聞き友達の邪魔をしない、ふざけない等のルールがある。楽しみながら柔軟な思考の中で「ルールを守る」ことができ、社会性も身に付くであろう。

　前述のように、朗読劇の表現技術は、保育者にとって絵本の読み聞かせや歌、紙芝居、パネルシアター、保育発表会等保育現場の様々な場面に応用できる。

　表現技術の向上に伴い保育者のパーソナリティーとしての表現力が豊かになることで、子どもたちのみならず同僚や先輩、後輩、保護者とのコミュニケーションも円滑に行うことができる。

　劇遊びの活動中保育者は、ストーリーを進行しつつ子どもたちに対し疑問や質問を投げかけることで、子どもたちのもっているイメージや発想を引き出すことができる。活動に夢中になって心から楽しんでいる子どもたちは、保育者の言葉がけに対しても本心で返答してくる。そのやりとりを通して、子どもたちの内面的な部分を新たに発見し、子どもの本心や本当の姿を理解できる大切な活動となるのである。

5 保育者になるにあたっての課題

　表現力豊かな保育者を目指すには，一連の表現活動の映像を俯瞰して振り返り，客観的に分析してみる必要がある。発声や滑舌，読み方，伝える音声等の技術面において，子どもたちに伝わりやすい，分かりやすい表現となっているか。身体の向きや身振り手振りが自然な表現であると共に顔の表情が豊かであるか等，様々な点が明らかになってくる。

　総合的な表現活動である劇遊びでは，とかくシナリオをすべて暗記しなくてはならないように思われがちだが，その必要はない。

　まず，基本的にはストーリーのあらすじを覚え，子どもたちとの掛け合い部分や指導者以外の登場人物が出てくるポイントを押さえ，必要な小道具，楽器等を準備する。そして，各場面での子どもたちの反応を予想し，その対処と活動への応用を考える。

　いったん活動が始まれば主体は子どもたちであるがゆえに，活動状況も一定とは限らない。まったく予想しない展開になる可能性もあり，それがまた劇遊びの醍醐味でもある。大切なのは子どもたちが本気で活動を楽しめたかにある。活動を楽しいものにすると同時に，保育者の視点から子どもを言動・行動・表情・しぐさ等多方面から観察，分析し，子どもの気持ちを本当に理解することにつなげていかなければならない。

　子どもたちには日々様々な活動を通じて多くの感情が芽生えている。表現活動中も子どもたちは予想外の行動もとるので，固定概念にとらわれず，自由な考え方で物事をとらえ，臨機応変に状況を判断し，子どもの動きをよく見て活動することが大切である。

　一方，子どもたちの前で演ずる朗読劇は，台本を見ながらできる手頃さもあるが，表現は真剣であってほしい。実際に人前で演ずるまでには，失敗することも多く恥ずかしさもあるが，子どもたちの前に立って指導する際の表現力を身に付けるためには，まずは恥ずかしさを捨てる努力が必要であろう。恥ずかしさからくる緊張は顔の表情も乏しくさせる。活動を通じて少しずつ，表現する楽しさや方法が理解できるようになってくると，恥ずかしさも徐々になくなり自信につながっていくであろう。大人が本気でキャラクターを演ずる姿が，子どもたちに感動を与える。それが子どもたちの前に立つ大人の責任でもあり，いわば朗読劇の上演は保育者になるためのトレーニングともいえよう。

　こうして，豊かな感性や表現する力を備えて子どもたちと共に過ごす保育者が，子どもたちに，また，保育者自身にとっても，真の生きる力

第7章 領域「表現」における今日的課題

となるのである。

6 領域「表現」の講義における様々な事例

　保育者養成校において領域「表現」や音楽表現等の授業で筆者が実際に行っている遊びや表現プログラムを紹介する。

事例7 絵本を使用した創作遊び

　絵本に音楽や効果音をつけて遊ぶといったことの応用。ストーリーづくりに一工夫し，オリジナルのストーリーに音楽をつけてみよう。

▶手　順
①自分のお気に入りの1冊を準備し絵本のプレゼンテーションをする（5,6名のグループを組み，まず読み聞かせをし，その絵本に対する思いを発表し合う）。
②各自が絵本の中から一番好きなシーンの絵を一つ選んで出し合い，それらを組み合わせ新しいストーリーを創作する。
③そのストーリーに合った音楽（子どもの歌・効果音等）を挿入して仕上げ，発表し振り返りをする。

事例8 既存の歌で手遊び・歌遊びをつくる

　「ドレミの歌」（作詞：オスカー・ハマースタイン2世　作曲：リチャード・ロジャース　日本語歌詞：ペギー葉山）で手遊びをしてみよう。

▶遊び方
①「♪ドはドーナツのド」の最後の「ド」の所でドーナツの形を手でつくってポーズ。
②同様に，それぞれの音のキーワード（レモン・みんな・ファイト・青い空・ラッパ・幸せ）を同じタイミングで手や身体全体で形をつくり表現する。
③「♪さあ歌いましょう」のところは手拍子をつけて歌う。
④間奏「♪ドレミファソラシド ドシラソファミレ ドミミ ミソソ〜」の所も，歌いながらそれぞれの形をつくる。

▶ポイント
　それぞれの形をつくるとき，たとえばドーナツなら「とってもおいし

いドーナツ」をしっかりイメージして表現する。

　絵本は，その内容（物語等）と絵が融合し，作者の思いが凝縮した作品である。そして絵本からいろいろなイメージが繰り広げられる。この完成された絵本をそのまま使うのではなく，また手遊びも既存のものをそのまま行うのではなく，応用して楽しむ，いわば園の中で受け継がれている伝統的・伝承的な遊びや表現活動をひとひねり，ふたひねりと展開・発展させ，工夫して表現を楽しむ可能性もある。

　領域「表現」のねらい及び内容に「感じたことや考えたことを自分なりに表現して楽しむ」「音楽に親しみ，歌を歌ったり，簡単なリズム楽器を使ったりなどする楽しさを味わう」「自分のイメージを動きや言葉などで表現したり，演じて遊んだりするなどの楽しさを味わう」ともある。

　そこで，歌うということに関して歌をただ歌うだけでなく，歌いながら踊るといった音楽・身体表現を融合させた創作プログラムを考えてみる。楽曲にはミュージカルナンバーの「I Got Rhythm」（作詞：アイラ・ガーシュウィン　作曲：ジョージ・ガーシュウィン　日本語歌詞：花輪充）を使用する。

事例9 「プチ・ミュージカルショー」
　ミュージカルといったエンターテイメント性の高いものを題材に，表現の幅を広げてみよう。

▶手　順
①この楽曲の原曲や，ミュージカルのシーンを鑑賞する。
②スコアをもとに，まず初めは二人組で歌詞を読み合う。その後，全体で音をとる作業（ピアノを使用）をする。
③何度かやった後，5，6名のグループを組み，うち一人がプロンプターとなり歌詞を伝えながら他の者は暗譜で歌う。
④事前に作成した楽曲のオケ（伴奏）をバックに，全員で歌を録音する。発表の際はこの歌入りの音源を使用する。
⑤歌詞のイメージをふくらませ，グループごとに振り付けを考える。
⑥リハーサル後，発表し振り返りをする。
　歌を歌うときに大切なことの一つは〈歌詞の内容を相手に伝える〉ということである。歌詞の内容をしっかりと感じ，そして身体全体を使って歌うことで，相手により伝わりやすくなる，いわば表現としての歌となるといえる。また出てくる歌声もいきいきしたものになる。録音に関

第7章 領域「表現」における今日的課題

しては次に記述する。

7 領域「表現」の講義における教材について（デジタル機器の活用）

現代社会において，パソコン・デジカメといった電子機器，ＣＤ・ＤＶＤ・ＢＤ・ポータブル音楽プレーヤー（iPod等）・ビデオカメラといったオーディオビジュアル機器，またそれらを一つにまとめたタブレット端末やスマートフォンといったデジタル機器が，ひじょうに身近な存在となり，なくてはならないアイテムとなっている。これらの機器を表現活動においても有効に利用することができるといえる。ここでデジタル機器を使用したプログラム2例を紹介する。

事例10 ＰＣ・ＡＶ機器の利用「バーチャル・コーラス」

多重録音のテクニックを使用し，バーチャルなコーラスアンサンブルを体験してみよう。

3部合唱にアレンジされた合唱曲『旅立ちの日に』（作詞：小嶋登　作曲：坂本浩美）を使用する。クラス全員（約25人）で同じパートを歌い重ね録り（多重録音）をしてバーチャルな合唱作品を表現してみる。

▶手　順

①ＭＴＲ（マルチトラックレコーダー）となるＰＣ及びマイク等の録音機材・周辺機器を準備する。
②トラック1に伴奏となるオケを録音する。
③録音された伴奏をプレイバックしながら，クラス全員（約25人）でソプラノパートを歌い，トラック2に録音をする。
④録音したソプラノパートをプレイバックしながら全員でアルトパートを歌い，トラック3に録音する。
⑤さらに録音した2パートをプレイバックしながら全員でもう1パートを歌い，トラック4に録音する。
⑥各トラックのバランスを整え（ミックスダウンし）て鑑賞する。

この方法はプロの音楽制作の現場で行われているものと同じである。ＭＴＲとは，複数のパートを各々別のトラックに独立して録音再生することができる録音機材である。専用の機材もあるが，ＰＣとＤＡＷ（デジタル オーディオ ワークステーション）ソフトで同様なことができる。こ

のDAWソフトはプロが使用する，より専門的な物となると数万円から数十万円してしまう。しかし，ネット上ではシンプルながらも十分に使用できるものがフリーソフトとして入手可能である。

　本来の合唱・コーラスとは異なったとらえ方であるが，楽曲に対してすべてのパートを把握でき，たとえば合唱指導をする際等には，たいへん有効であるといえる。また，声の重なりを徐々に感じることができ，音の重なりのおもしろさというものもリアルタイムで感じることができる。

MTR（マルチトラックレコーダー）

事例11　PC・AV機器の利用「声優・アテレコに挑戦！」

　アニメ映画のワンシーンを使用し，アテレコにチャレンジしてみよう。

　領域「表現」の内容には「自分のイメージを動きや言葉などで表現したり，演じて遊んだりするなどの楽しさを味わう」ともある。素材としてアニメ映画Ｓのワンシーンを使用し，声優ごっこをしながらそのキャラクターを声で演じアテレコを体験する，すなわち声による表現をするプログラムである。

▶手　順
①使用する映画作品のシーンを鑑賞する。
②先のシーンを流しながら全員で台詞を読んでみる。
③事前に準備した映像（台詞のみをカット）に台詞を録音（アテレコ）する。
④できあがった映像をプレイバックし，それをもとに振り返りをする。
　このプログラムの展開として，たとえば素話や絵本の読み聞かせといったことに応用できるといえる。

第7章 領域「表現」における今日的課題

録音・録画することの重要性

　ＰＣやＡＶ機器を多用したプログラムは，機材の取り揃え，また取り扱いに対する知識といった事前準備が必須となる。しかしいったん準備してしまえば様々なことに応用できる。利用しだいでは今後の表現活動の幅を大きく広げることができる。また，録音機材に関してはもっと身近に存在する。スマートフォンやタブレット端末といった機器の利用である。これらの機器はレコーダーとしての機能は十分であり，簡単に使用することができる。では録音することがなぜ重要なのか。それは，表現活動においてその表現を客観的にとらえるための最も有効な手段となるからである。〈表現＝何でもＯＫ〉といったまとまりのないものになり，ややもすると自分よがりの行動となり〈伝える〉といった最も大切なことがおろそかになってしまう恐れがある。これを防ぐためにもぜひ録音や録画をし，常に自分自身の表現を振り返っていただきたい。

まとめに

　表現には音楽，造形，身体，演劇等々多様な方法があり，保育における表現活動はそれらが巧みに関わり合う，いわば総合的なものが求められる。そして子ども自身の表現や遊びに共感し，交流し合い，つくり合うことが重要であるならば，表現をするための技術や方法を知識として習得するだけでなく，保育者自らが表現者としての役割も考えなければならないだろう。

① 子どものエピソードを1つとりあげ，保護者にどのように伝えるか考えよう。
② 「保育者養成と表現」の中の事例を1つとりあげ，自身が参加した場合の学びと，実際に保育を展開する上で大切にすべきものは何か考えよう。

参考図書

◎ 小出まみ『地域から生まれる支えあいの子育て――ふらっと子連でDrop-in!』ひとなる書房，1999年
◎ 和田信行『スタートカリキュラムがよくわかる！小1プロブレムを起こさない教育技術』小学館，2013年
◎ 木下光二『育ちと学びをつなげる幼小連携――小学校教頭が幼稚園へとび込んだ2年間』
チャイルド本社，2010年
◎ 酒井朗・横井紘子『保幼小連携の原理と実践――移行期の子どもへの支援』ミネルヴァ書房，2011年
◎ 早坂泰次郎『人間関係の心理学』講談社，1979年
◎ 折口信夫『日本藝能史六講』講談社，1991年
◎ 長谷川摂子『めっきらもっきら どおんどん』福音館書店，1990年
◎ 岡田陽編『朗読劇台本集2』玉川大学出版部，1996年
◎ 瀬川拓男，松谷みよ子，清水真弓『日本の民話〈11〉民衆の笑い話』角川書店，1973年

[執筆者紹介・分担] （掲載順，2019年9月現在）

- 田澤里喜（たざわ・さとき）＝編著者／はじめに，第1章第5節，第2章第1節・第5節2，第5章第1節
  玉川大学教育学部准教授
- 花輪　充（はなわ・みつる）＝第1章第1～3節，第6章
  東京家政大学家政学部教授
- 石川秀香（いしかわ・ひでか）＝第1章第4節，第4章
  玉川大学教育学部教授
- 佐藤　厚（さとう・あつし）＝第2章第2節・第5節1，第5章第4節，第7章第2節1～6
  上田女子短期大学准教授
- 飯塚奈央子（いいづか・なおこ）＝第2章第3・4節，第5章第2節
  玉川学園幼稚部主任
- 朝日公哉（あさひ・こうや）＝第3章第1～4節
  玉川大学教育学部准教授
- 西井宏之（にしい・ひろゆき）＝第3章第5節
  白梅学園大学附属白梅幼稚園教諭
- 佐藤　援（さとう・たすく）＝第3章第6節
  野のゆり保育園副園長
- 直井　崇（なおい・たかし）＝第4章第2節4
  玉川大学非常勤講師
- 藤田寿伸（ふじた・ひさのぶ）＝第5章第3節
  ゆかり文化幼稚園教諭
- 竹本由美子（たけもと・ゆみこ）＝第5章第5節
  元滝野川西保育園保育指導
- 押切道子（おしきり・みちこ）＝第7章第1節
  ライト学童保育クラブ代表
- 二木秀幸（にき・ひでゆき）＝第7章第2節7
  静岡福祉大学子ども学部准教授
- 荻野貴大（おぎの・たかひろ）＝第7章イラスト

◆◆ Staff ◆◆

［編集協力］カラビナ　［カバー・本文デザイン］里山史子・松岡慎吾　［レイアウト・DTP］東光美術印刷　［校正］高橋沙紀・永須徹也

保育・幼児教育シリーズ　改訂第2版

表現の指導法

2014年 7月10日　初版第1刷発行
2019年 2月15日　改訂第2版第1刷発行
2022年 4月15日　改訂第2版第3刷発行

JASRAC 出 1406957-207

編著者　田澤里喜
発行者　小原芳明
発行所　玉川大学出版部
〒194-8610　東京都町田市玉川学園 6-1-1
TEL 042-739-8935　FAX 042-739-8940
http://www.tamagawa.jp/up/
振替：00180-7-26665
印刷・製本　日新印刷株式会社

乱丁・落丁本はお取り替えいたします。
©Satoki Tazawa 2019　Printed in Japan
ISBN978-4-472-40567-9 C3337 / NDC376

玉川大学出版部の本

遊びの創造共育法（7巻）

和久洋三 著
B5判並製・各160〜184頁／本体各3,500円

子どもたちと共に遊び学ぶなかから生まれた新しい幼児教育法。積み木の基本や，モザイク，絵具，粘土，木材などを素材とした活動例を写真と図版で紹介。

1. 子どもはみんなアーティスト
2. ボール遊びと造形
3. 円柱の遊びと造形
4. 積木遊び
5. 積木遊びと造形
6. 色面の遊びと造形
7. 点線面の遊びと造形

子どもの目が輝くとき

和久洋三 著
A5判並製・176頁／本体1,500円

幼児・児童のアトリエで指導し，創造性を開発する「童具」をデザインして30年の著者が，生きる力を伸ばす楽しい子育てのヒントをわかりやすく語る。

トーク トゥ トーク　育つ喜び 育てる楽しさ

汐見稔幸・和久洋三 著
A5判並製・192頁／本体1,600円

子育てはどうすればよいか。幼児教育の水先案内人・汐見稔幸と，新しい創造共育を提唱する童具デザイナー・和久洋三による対談。

表示価格は税別です。